大学を出て仕事もせずにダメだった僕を生かしたリクルートの組織風土

気がつけば20年働いて部長になっていた

カナリアコミュニケーションズ

はじめに：就職したくなかった私を20年働かせたリクルート

大学卒業後、就職したくなかった

私はリクルートグループで約20年過ごしました。新卒入社ではなく、1995年にアルバイターとして株式会社リクルートに入社しました。その後、グループ内での所属会社は人事測定研究所（現：リクルートマネジメントソリューションズ）、再びリクルート、その後リクルートキャリアは変わりましたが、こんなに長くお世話になると思っていませんでした。面接時には2年で辞めると宣言し、入社日にも2秒でこの会社は無理だと思いました。

にもかかわらず、その間、営業部やコンサルティング部の責任者を任せてもらうという幸運にも恵まれました。特に優秀でもエリートでもなかった私に、そのような役割を担わせてもらえたのは、素晴らしいご縁と幸運が奇跡的に続いたからだとつくづく感じています。

新卒で入社していないのは、世間に決められたタイミングで、いわゆる「就職」するのが嫌だったからです。大学在学中の１９９３年に就職活動をし、いくつかの企業とのご縁にも恵まれましたが、当時の私にとって「就職」する自分がまったくイメージできず、頂いたご縁をお断りし、大学卒業後は定職に就きませんでした。わがままな話です。言葉では説明しにくいのですが、「就職」→「会社員になる」→「満員電車で疲れて通勤」というのは、なんとなく、「カッコ悪い」というイメージしか持てず、「なんかイヤ・・」という気持ちを拭いきれず、就職できませんでした。複数の企業から内定を頂いていたにもかかわらず辞退し、そのこと両親に伝えると、母親は言葉をなくし、１週間も口を聞いてくれませんでした。

様々な人生を選ぶ普通の人たちとの出会い

大学卒業後は、電気工事士の手伝いとして日給で働き、貯めたお金で憧れの人がかつて生きていた街、フランスのパリに逃亡しました。語学学校に行くことによってカムフラージュして自分探しのような時間を約半年過ごしました。当然、「自分」が見つかるわけがありません。途中でそんな渡仏理由も忘れていましたが・・・。

しかし、そんな中でも現地ではたくさん刺激を受けました。語学学校の同級生の国籍や年齢が多様性に富み、一緒に時間を過ごすだけでも日々気付きや発見が訪れました。例えばこんな同級生です。「38歳　イタリア人　男性　国立公園守衛」「19歳　イスラエル人女性　兵役上がりでモデル」「26歳　スペイン人　男性　会社役員」「38歳　アメリカ人女性　カメラマン」「31歳　韓国人　男性　エンジニア」等、本当に様々な経歴や立場の同級生がいて、人生の選択肢の多様さに改めて気付きました。日本にいて気付けなかった自分の視野の狭さを痛感しました。

加えて思い出しましたが、ニュージーランドから来た同級生の30代夫婦は、自宅を売却して二人で世界一周をしている途中だと言っていました。もう笑うしかなかったです。それまでの私にとって、話として聞いたり、本で見たりしたことはあっても、現実的なキャリア選択肢になかった人達が目の前にいるのです。しかも、楽しそうです。理由はありません。そう感じたからです。それぞれ理由を聞いても、私が捉えていた日本の常識と照らし合わすと理解しがたいものばかりでした。

でも、共通で感じたのは、みんな、自分で選んで、ここにいるということが伝わってきたことでしょうか。そういう人達は、私にポジティブなエネルギーを与えてくれました。そして、気が楽になりました。人生なんでもありだなと。

ある時そんな彼らとの授業の中で、日本の「過労死」が話題になりました。同級生や先生から、死ぬまで働くなんて、意味がわからないから、日本人のお前が説明しろと求められましたが、私にも説明できません。「滅私奉公」的な空気の話をしどろもどろにしますが、彼らの前提とする価値観では到底受け入れられなかったのです。日本人はバカなのか？と。日本で正社員として働いたことがない私も、話しながら「悲しさ」とも「情けなさ」とも言い表せない暗くてまとわりつくような嫌な気持ちを感じていました。

「過労死」が象徴する、親世代の過剰な働きぶりがあってこその日本の経済的成長があったわけで、物質的に豊かな暮らしであるのに、日本人はバカなのか？と問われて、自分の中に答えを持っていませんでした。そして、スウェーデン人の親友に、「お前は日本に帰って、日本人の働き方をなんとかしろよ」と何気に言われた一言が、なぜか気持ちを揺さぶり、そのときから、改めて「日本人の働き方」について意識せざるを得ませんでした。パリで無職だったにもかかわらず偉そうですよね。

それから暫くして、セーヌ川右岸のパレドトーキョーのバルコニーから、エッフェル塔をボーッと眺めているときに、「自分の居場所はここではなく日本だな」となんとなく感じて、日本に戻ってきました。

「定着率0パーセント」という募集広告に魅力を感じる

日本に戻って、職探しをしました。教育業界を中心に、勝手に履歴書を送って面接をお願いしました。まずは、キャリア教育から変えるべきだと考えたからです。簡単な事業計画を書いて、面接でプレゼンしました。しかし、当たり前ですが、そんな事を事業の中核としてやっている企業はなく、面接も散々で受け入れてもらえませんでした。少し、焦り始めました。

そんな時、他の類似業界も探そうと就職情報誌を手にしました。衝撃的な求人広告が目に飛び込んできました。「定着率0パーセント」というキャッチコピーのリクルート営業職の募集広告でした。そのキャッチコピーを少しでも理解しようと、募集要項を読み進めると、雇用契約が正社員ではなくアルバイトなので、長期間働かずに、みんな次のキャリアへ進むということでした。また、仕事内容も魅力的でした。様々な経営者にご提案する機会もあり、正社員と同等の仕事をさせてもらえて、ビジネスの勉強にもなると書いてあったからです。加えて「定着率0パーセント」という、終身雇用が良いとされている世の中で、堂々とメッセージを伝えてくる姿勢に、清々しさを感じるとともに、キャリアの多様性の兆しを感じたのも確かです。

しかし、普通に考えると、正社員と同等の仕事をさせて、なかなか良い給与でしたが、アルバイトという待遇は大胆ですよね。それに引っかかった私みたいな若者が何人もいましたが(笑)まだ、学生気分の私にとって、終身雇用ではなく、やめる前提での雇用が、会社に縛られる窮屈さではなく、自由な気分を与えてくれたのも大きかったと思います。加えて、リクルートには、学生時代から接点があり、社員の方とも何人かお会いし、雰囲気も掴めているつもりでしたし、人材領域(募集や教育)に特化した営業職の募集でしたので、「日本人の働き方」に関われるチャンスだと考え、迷いなく応募し、後に初めての上司になる方に面接して頂き、その後、入社することができ、私のリクルート人生が始まりました。

2秒で続かないと思ってしまった職場だったが

明確な理由はまったくありませんでしたが、必ず充実した時間がリクルートで過ごせるだろうと、期待と少しの緊張感で体に前向きなエネルギーが溢れていた入社日の朝を覚えています。しかし、初日に席に案内され、2秒で「この会社で働き続けるの無理かも…」

と期待が不安に、緊張感がプレッシャーに変わったことを覚えています。僕にとっては、周囲の働いている人達のテンションが高すぎたのです。案内された自分の机の天井からは、歓迎の垂れ幕が垂れ下がり、その垂れ幕は、当時、世を騒がしていた新興宗教教団の教祖の写真から吹き出しで「いらっしゃ〜い」と書かれており、机には同じ写真で、「早く申込書持ってきてや〜」とのコメント。そして、朝から鳴り止まない電話と、大声の関西弁でお客様と話す先輩社員たち。ついていける気がしないと2秒で緊張感がマックスになってしまいました。

その喧騒の中で、1日過ごし、明日からどうしよう・・・とボォーとしていると、帰り際に、先輩3人が飲みに行こうと誘ってくれました。この飲み会がなければ、リクルートで頑張れなかったかもしれません。

飲み会で、誘ってくれた先輩達に別人のような印象を持ちました。昼間の溢れんばかりのエネルギーの高さがまったくなくなったわけではなかったですが、人としての奥行きや包容力を感じずにはいられませんでした。正直、飲みに誘われたときは、どうしようかと迷いました。このテンションのまま飲み会に行って話されたら、しんどいなあと。

しかし、先輩達は、僕への質問をたくさんしてきたのです。「何で、うちに入ったの〜?」

「何で、神戸支社希望したの～？」「何で、大学出てすぐに就職しなかったの～？」「何で、パリに行ったの～？」「どんな音楽好きなの～？」とか、それまでの人生の中で、一番質問された時間だったかもしれません。また、私が答えるたびに、「そうなんや～」「なるほど～」「おもろいな～」等、私の下らない話を、多少大げさに反応しながら聞いてくれました。そして、それに乗っかるように、自分も昔はこうだったとか、そんな話をしてくれて、人として距離が一気に縮まり緊張感は解け、受け入れられた安心感が湧きました。「この人達とだったら頑張れそうな気がする」と穏やかですが、強い気持ちを感じたことを覚えています。

その初日の飲み会に、リクルートの組織の魅力と組織作りのベースの一端が強く出ていたと思います。それは、「個人をありのまま知ろうとする」ことだと思います。それが信頼関係を生み、お互いに高め合っていく土壌になっていたと思います。

入社当時の社内報に江副さんの印象的なコメントが出ていました。「知ることは、愛すること」という内容でした。会社という組織でそんな言葉に出会うとは思いませんでした。社内報で愛について語ること自体が、経済合理一辺倒の一般的な組織イメージと真逆だったからです。その言葉や精神が、情報に命を吹き込み、人々の選択に影響を与える事業内容や、組織運営に大きく反映されていたと感じています。

組織風土に魅了され、気付いたら20年働いてた

そして、１９９５年にアルバイターとして入社以来、働くことが嫌だった普通の人間の私が、20年もの間、神戸、大阪、名古屋、静岡、東京の複数地域の職場で、メンバー・マネジャー・部長、営業・コンサルタントとして、自分で進んで、自分なりに働く努力をすることになっていきました。もちろん、辞めようと思ったことは何度もありますが、次々に新しい仕事や機会に恵まれ、仕事にまったく飽きることがありませんでした。多くの失敗体験やささやかな成功体験と出会い、他の仲間や先輩・後輩と同様、仕事観、組織観、人生観に大きな影響を受け、多くの事を学びました。振り返ってみると、それはリクルートという企業ではなく、正確に言うとリクルートに息づく空気や文化、風土に魅せられ、それに同化したかったという動機が強かったからだと今、感じています。

その風土とは、「自分で判断し、自分で責任を負おうとする空気」「誰もが主役になれるチャンスの多さ」「自分の仕事が社会にとって価値があるのか？　と問い続ける」ことだと感じていました。その風土は、私が学生時代に頭だけでイメージしていた、いわゆる「就

はじめに
就職したくなかった私を２０年働かせたリクルート

職」して入社する会社の風土とは懸け離れたものでした。もしかしたら、リクルートにいる間ずっと会社に「就職」したと思ってなかったので長続きしたのかも知れません。

そして、その風土が、高業績、高収益を生み出し、一般的にリクルートグループの社員イメージとして語られ、意欲が高く自信に満ち溢れた仲間の存在を生み出し続けていた一番大切なことだと考えています。もちろん、優秀な人材を採用し続けていたことも理由の一つだと思いますが、人材をいかに生かし続け、輝かし続けようとするかにエネルギーを割き、努力し続けていた組織だと思います。

そして、その取り組みや私が出会った体験をお話しすることは、少子高齢化による労働人口減少を迎え、特に、中小企業の経営の大きな課題である「いかに従業員の能力を最大限発揮してもらい、満足度、充実度の高い状態を作り続けるか？」について、必ず役に立つ取り組み例の一つだと考えます。

目次

第1章

人材を「生かし」続けなければ、経営が成り立たない

人的資源不足危機が本格化

皆さんもお気づきだと思います。望む、望まないにかかわらず、まず今いる人材を生かし、惹きつけなければ、経営、事業推進が成り立たない時代になってきました。人材の新たな採用が難しくなってきているからです。理由はシンプルです。まずは、労働人口の減少です。特に若年層は顕著です。ある調査によれば、25歳～34歳の就業人口は、２００５年に比べて、２０１５年時点で３００万人以上減少しています。今後、しばらくは更に減少します。若手はますます人材争奪戦になるでしょう。ですから、特に若手層を人材調達のメインターゲットにしていた企業は、非常に激しい採用競争で勝ち抜かなければならない状況で、すでに大苦戦されている企業も多く、事業縮小や店舗閉鎖を余儀なくされているところもあるかと思います。また、大手企業でさえ、従業員の年齢構成の適正化を図ろうと、若手を募集しても、以前のように応募が集まらない状況になっています。

人を生かす力がある企業にしか人材が集まらない

第2に、各社の就業環境実態の情報流通です。インターネット上で自社の就業環境が、現社員や元社員によって評価され、得点化され情報流通しています。

もちろん、正確な実態を表していないこともありますが、転職者や転職希望者は、その情報に触れ、それを覆す事実の情報提供無しには、転職先候補企業として優先順位を下げるか、候補にもならないでしょう。もし、ウチの会社はそんなに規模が大きくないから、そのような情報はインターネットで出回っていないと考える方もいらっしゃるかもしれませんが、一度、ウェブの検索エンジンで「自社の社名　評判」と入れて検索してみてください。どのような評判になっているか？　確かめてみるのも良いと思います。ですから、現社員を生かし、惹きつけている実態がなければ、社員が退職しても早々に、人材を調達、補充することは困難になっています。

逆に、同業界で評判が良い企業があれば、自社の社員が流出する危機になります。実際、リクルートワークス研究所の「ワーキングパーソン調査２０１４」においても、25〜34歳の約半数が転職意向を持っているという結果が出ています。

また、有名大手企業であっても、従業員年齢構成を要因とするポスト不足によって、特に優秀な若手や中堅社員が、先が見えたと感じ、他社に転職する事例が増えていると聞きます。それも、異業種への転換が増えています。

ある大手企業の人事責任者とお話ししていた時のことです。「最近の若い奴はすぐに辞めると言うけど、こんな若い子を作ったのは我々だよな」と現実を受けとめていました。

ですから、今後、産業構造の転換が進み、同じ事業でもビジネスモデルを革新していかなければならない中で、中途採用においても、同業同職種を前提とした中途採用と受け入れ体制では、本来の人材の強みを生かすことができないでしょう。

加えて、2016年に安倍総理大臣は、「働き方改革」に本腰を入れることを宣言し、企業側も地域正社員等の新しい雇用形態や、週休3日、テレワーク、早朝出勤に残業手当等、新たな働き方を導入する企業が増え、人材を惹きつけています。今後ますます、この流れは加速し、人材が企業を見る目も変化し、個人と組織の関係も変わらざる得ないと思われます。ただし、現状の議論は、制度に偏りすぎた感も否めないと思います。

これらも含め様々な要因で、人材を生かす努力を続け、人材を生かす力を組織的に身につけない限り、事業を推進すること自体が輪をかけて難しくなるでしょう。

AIが自社の人材不足を解決できるか?

一方、将来はＡＩ時代になって、今いる従業員のかなりを雇用しなくて済むかもしれないという方もいらっしゃいます。確かにその可能性はあるかもしれません。では、それは何年後の話でしょうか？　それまで事業を存続しなければなりません。また、差別化はどうするのでしょうか？　競合優位性はどう築き続けるのでしょうか？　加えてＡＩにほとんどお任せするような会社や社会を作りたいと思いますか？

結局、自社と事業にロイヤリティを持った人材しかいないと、皆さんも確信していると思います。

それでは、皆さんの会社の従業員たちは目一杯生かされ、高いモチベーションを維持し、自社や事業にロイヤリティを持っているでしょうか？　個人それぞれの才能を解き放っているでしょうか？　小さい枠に閉じこめて、成果が出ていないと嘆いていないでしょうか？

そう思う気持ちもわかります。私もそのことで大変悩みました。簡単ではありません。しかし、もうこの環境変化の中では、この課題に手をつけざるえないことは間違いありません。

リクルートは、創業以来50年以上、いかに従業員を動機付け、最大限のエネルギーを出してもらうかを考え続け、全員で実践し、結果成長してきたと思います。私が見た限りでは、一部を除き、特別な施策をやっているとは感じませんでしたが、人材を生かすことについて「あるべき」や「ありたい」との考え方や、それを具体化したことを愚直に実践したところが強かったと考えています。

このあと、具体的な仕組みや実践の工夫をお話し、これからの組織作りの参考にして頂ければ幸いです。

第２章

個人の可能性を開花させる場所

「当事者意識を芽生えさせ」、「効力感を感じさせ」、「仕事の意義を感じさせる」組織風土が、強い個を生み出す

高業績や新規事業を生み出すモチベーションの高い人材が生まれる土壌として、リクルートでは「当事者意識を芽生えさせ」「効力感を感じさせ」「仕事の意義を感じさせる」組織風土が大きな役割を果たしていたと思います。組織風土というよりも「空気感」と言った方が馴染みやすいかもしれません。その基底に「個を生かし、その可能性に相互に期待し合う」姿勢があります。それこそが、組織風土を生み出す源泉であり、そこに時間とエネルギーを組織として使っていたことが、結果的にモチベーションの高い人材を生み出していたと感じています。

言葉にすると、言い古されたフレーズになりますが、リクルートでは、前述のような状態を現実に作り出していました（図①参照）。私も、その中で時間を過ごすうちに、行動や思考の習慣として、それが組織運営上、無くてはならないポイントだと感じながらリクルートに参加して組織運営の一部を担っていましたし、普通に就職して働きたくなかった私も、とても影響を受け、組織集団として大きな魅力を感じて20年も居続けてしまいました。

■図①人の可能性を最大限引き出す組織風土

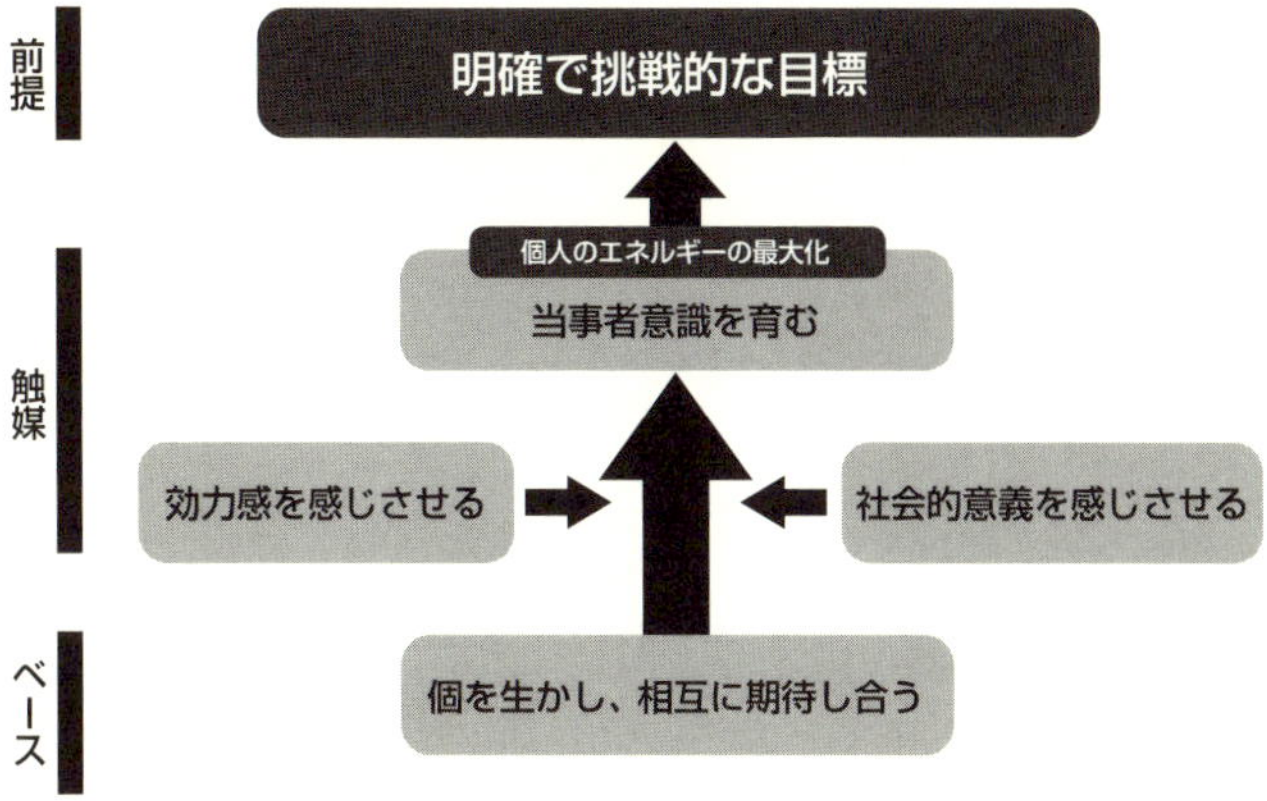

なぜ、それが私を惹きつけたかというと、そのような空気や風土の中で過ごしていると、最大の魅力は自分の存在意義や価値を確認したり、感じたりできる機会が多くあったからです。しかし、いわゆる「なあなあ」な生ぬるい雰囲気で、表面的に承認し合っているだけではないことはご想像の通りです。ある種「自己否定と自己肯定の揺らぎ」の中で立ち現れる高揚の瞬間を、各メンバーの中に作り続け、人によって表現は違うと思いますが「生きてるぞ！」「やったぞ！」と心から叫びたくなる瞬間が仕事の中で幾度も訪れる状態になっており、麻薬のように取り憑かれてしまったのかもしれません。他のメンバーも同様だと

思います

少し宗教的な表現になってしまいましたが、リクルートという集団内部の空気感というのは、個人にとってそれくらいインパクトがあり、それを受け取った個人が、また新しいエネルギーを生み出し、その相乗効果によって、集団全員が高いエネルギーで活動していたと感じます。

伝わりづらいかと思いますので、感覚的にお伝えしたいと思います。私は関西人なので、関西弁でお伝えすると、「めっちゃ当事者やと感じさせ」「ごっつい効力感を感じさせ」「アホみたいに仕事の意義を感じさせる」。加えて、「お前はもっとデカイことできる奴やと言い合う」という感じでしょうか？

少しは感覚が伝わったでしょうか？　逆に分かりにくくなったかもしれませんね。

感覚的にお伝えしたかったのは、意味を「静的」に理解するよりも、どういう心理状態になるか？　を心の動きとして「動的」に受け取っていただきたかったからです。

それでは、改めて、なぜそこが重要なポイントなのか？　私なりに振り返ってみたいと思います。

「当事者意識を育む」とはどういうことか?

意味としては、各個人に「この仕事は、自分で決めて取り組んでいるんだ」と感じさせることです。これはどういう状態かと言うと、メンバーが自分のミッションに対して、「これは、俺がやらなきゃあかんな」とか、「これをやるのは、俺しかおらん」とか、「これ、出来たらかっこええな」とか、「これ、出来なかったら、カッコ悪いな」と、自ら感じる状態を作り出すことです。しかも「これ」の範囲をより大きく、レベルを高くするのがポイントです。あくまで、説得するのではありません。

人間は、自分で決定したときにモチベーションが高まります。ですから、避けたい状態は、「この仕事、俺・私がやるの?」とか「この仕事、別にやらなくて良いんじゃないの?・?・?」という心理の状態にすることです。

「当事者意識を育むこと」によって起こる良いことは、メンバー一人ひとりが自分のミッションに真剣に向き合い、自分で考え、自律的に行動することです。そして、その状態自体が、モチベーションを高める第一歩となるのです。待遇や環境等の不満を解消するのではなく、仕事に前向きなエネルギーを向けるための内発的な動機付けの一種です。

業績達成や顧客の期待に応えられないのは悔しく、それは自分の責任だと感じ、逆に業績達成や顧客の期待に応えられたときは、自分の効力感を持つことができます。ですからそのミッション及び目標自体が自分の存在意義を確認するものとして近く感じ、それを証明すべく自分のエネルギーを注ぎます。ミッション遂行中のイメージとしても、「これは俺がおったから、実現したんや！」とか「こんな状態になったのは俺のせいや・・」という心の声やそういうニュアンスの言葉が日常交わされている状態です。また、当事者としての立ち位置が、「一人よがり」ではなく、顧客や社内協力者、一般ユーザー、同僚等の関係者と一緒に関わっていることだと感じ、意識が自分だけでなく、自分たちという立ち位置から向かっている場合は、相乗効果によって、より強く継続的なエネルギーが放出されていたと思います。自分の小さな喜びよりも、他人が喜んでくれた方が、より嬉しいし、エネルギーになることは、経験的にご存知だと思います。

しかし、そのような状態を作ることは簡単ではありません。ミッションや目標が本人にとって納得する状態であること、一人の人間として認められていると感じる安全地帯がなければ続きません。また、自律的に計画して、実行できる状態でないと、他責に陥りやすくなります。その状態を作るため組織運営や仕組みについて、具体的には後述させていただきます。

また、よく採用の失敗例として、面接時は、主体的で実行力があると思った学生が、単なる批判ばかり言う奴で現場が扱いに困っているとか、こじんまりして、黙々と仕事をこなす人材になってしまったということを聞きますが、そのようになる要因の一つとして、当事者意識を感じさせる仕事の仕方をさせていないことがあると感じています。細い指示や、ネガティブなフィードバックばかりをして、本人に判断をさせず、楽観的に受け止める性格だった人材を悲観的な観測ばかりする人材に変えていってしまうケースです。そう変わるように、組織が同調圧力を求めた結果です。それに我慢できない人材が他社に転職し、自由に意欲高く活躍している事例は数多くあります。求める人材像と組織風土とのミスマッチが生み出した残念な例です。

もったいないですよね。みなさんの組織でもそんなケースありませんか？　そのような風土はどんどん組織を蝕み、それに慣れてくると、なかなか変わりようがありません。そして、それにみんなが文句を言いながら、みんながそんな組織風土醸成に加担しているのです。そうなると悲劇ですよね。

「効力感を感じさせる」とはどういうことか

意味としては、本人の様々な出来事に対する影響力を認めるということです。それによって、自分の能力や価値について自信を持ってもらうことにつながります。これはどういう状態かというと、「俺（私）って、結構できるやん」や「俺（私）って結構頑張ってるやん」とメンバー一人ひとりが感じている状態です。それぞれにより大きな成長を感じてもらうかがポイントです。これによってメンバーが成長欲求を満たし、さらなる成長へのモチベーションが掻き立てられるのです。達成した効力感を感じることによって、そのプロセスで失敗や困難を乗り越えた経験から、自分が成長する実感をつかみ、自己信頼を積み重ね、更なる挑戦心も生み出します。そのプロセスの連続によって、

「もっとできるかも」とか、

「こんなことが出来るようになりたい！」とか、

「もっと難しい課題に挑戦してみよう！　俺ならできる」

と感じる状態になるのです。その心的エネルギーが一人だけでなく、多くのメンバーが継続した期間続けられれば、組織の成長にも大きな影響を与えると思います。

しかし、これも簡単ではありません。メンバー一人ひとりにとってギリギリ成功できそうな目標設定や要望としないと、達成できず成功体験を積むことができなければ、自信喪失する一方です。また、本人が強い効力感を感じるためには、そこに本人なりの必死な努力や、乗り越えようとする気持ちの葛藤があってこそとなります。そのような状況を周囲のみんなが認め、感情も共有しておくことによって、効力感の喜びも倍増します。

しかし、逆にそのような感情が共有されてなかった場合や、称賛の機会が持たれなければ、効力感も薄まり、場合によっては、承認欲求も満たされず、組織に対する不信感にもつながります。結果、本人の経験の中で蓄積された知見が表出されず、共有されなかったり、承認欲求が満たされていなかったりすることから、他社へ転職し、大事な人材が流出してしまうことになりかねません。

正直、私がマネジャーになった頃は、日常的に褒めることができませんでした。少しメンバーが頑張ったとしても、自分が期待するレベルに達していなかったら、「これぐらいで喜ぶな」と思っていました。多分それが表情にも出ていたでしょう。そのような表情がメンバーを窮屈にさせていたと思います。面倒くさいとさえ思っていました。振り返るとそのようなスタンスは、マネジャーとしてメンバーに甘えていたのでしょう。私がマネジャーとして、当事者意識がなかったと言わざるえません。

「仕事の意義を感じさせる」とはどういうことか?

意味としては、自分の仕事は社会の誰かの役に立っているということを感じさせることです。

これは、どういう状態かというと「この人がこんな風に喜んでくれた」「この人にありがとうって言ってもらえた」「お客様と取り組んだことで、素晴らしい結果が出た」と一人ひとりが感じる状態を作るということです。

これによって、良いことは、自尊心が保たれ、さらに頑張ろうとモチベーションが湧いてくることです。

事業を続けていく上で、売り上げや利益は必要です。しかし、それがお客様から喜ばれた結果としてもたらされたものでなければ、どうでしょうか? 働いているメンバーはどんどん自尊心をすり減らし、エネルギーが消沈していきます。また、経済が成熟し、世間的にも社会貢献や社会正義ということが大きな関心ごとの一つになっています。自分のミッションが完遂されることによって、誰かの役に立っているという感覚は、本人の中で、さらにエネルギーを生み出し、前へ進む原動力になります。

これは、前の二つに比べると、多少難易度が下がるかもしれません。何故なら、売上を頂いているということは、製品やサービスをお客様が信用して頂いている前提で成り立っているからです。売上がなければもちろん論外ですが、事業が今、継続できているということは、少なくとも喜んで頂いているお客様がいるということですから、その理由や背景を理解することができれば良いわけです。

しかし、一番の大敵は、メンバーがなぜその製品・サービスを提供しているかについて、「今までも買って頂いていたから」とか「会社に売れと言われているから」という思考に陥り、習慣化してしまうことです。それによって、モチベーション向上どころか、顧客満足が低下してしまう恐れがあります。思考や行動をシステム化し、労力を節約するのは人の性だと思います。

そういった意味においても、仕事の意義を、顧客や他者を通して感じさせる機会を持ち続けなければ、売り上げや利益のみに意識が向き、内発的動機は薄れ、仕事へのエネルギーを奪う結果になります。この話は社会的意義や理想像をお伝えしているわけではなく、組織として人材をどう生かすか？　という合理的な観点でお話ししています。

「個を生かし、その可能性に相互に期待し合う」とはどういうことか？

意味としては、メンバー一人ひとりを個性を持った「人」として受け止め、可能性を引き出そうとすることです。

これは、どういう状態かというと「お前って、こういう才能があるから、こんなこと出来るんちゃう？」とか「お前、こういう仕事って、めっちゃやる気出るって言ってたよな、やってみたら？」とか「なんで、そんなやり方してるの？　俺が知ってるお前ちゃうな、どうしたん？」とメンバー同士が言い合う状態です。

これによって、良いことは、メンバーが自分は受け止められていると感じ、安心感の大地がつくられ、それを土台として挑戦の飛躍を遂げることが出来るからです。信頼関係がなければ、自分の発想や考え方の正誤を規定の枠内で考えがちになり、自由な思考に基づく議論が湧き起こらず、創造的な思考も、挑戦的な行動も、革新的な成果にも結びつきません。一人ひとりに安心感があるからこそ、お互いに信頼関係も生まれ、尊重の感情も湧いてくるのです。それが個人の思考や発想の兆しを組織で育み、組織の成長に寄与するのです。

そして、それらは、お客様との関わり方にも大きな影響を及ぼします。お客様と共に創造する姿勢もここから生まれてくると言えます。これが、リクルートグループの組織風土を支えている基盤です。

第3章

リクルートっぽい
組織作りを失敗した
元マネージャーの告白

リクルートが目指していたと感じる人材づくり、組織づくり・運営に関して前章でお話ししましたが、当然、いつもうまくいくわけがありません。そして、その状態に小さくない影響力を及ぼすのは、マネジャーを始め、組織を預かるリーダー達です。戦略的に仕組みを作ったとしても、それを動かす一定の能力と大切にすべき判断軸や考え方を体得した人材が、組織でリーダーシップを発揮することによって、ダイナミックに運営されなければ実現されません。

そんな中、私も自分なりにリクルートらしい組織作りを目指して運営していましたが、はっきり言うと失敗の連続でした。私が感じたリクルート的な組織づくりをする上で、失敗したリーダーシップの発揮の仕方を、自らの恥ずかしい事例を通して紹介したいと思います。リーダーとして、こういう動きをすると、いわゆるリクルート的な組織風土や人の動きにつなげることが出来なかったという反省です。

しかし、その度に、学習し、自分なりに改善したり、周囲に相談したりすることで、少しずつ目指す状態に近づけていけたのではないかと感じています。よくありがちなエピソードばかりだと思いますが、もし皆さんのエピソードと重ね合わせて、何かのヒントになれば幸いです。

メンバーの当事者意識を奪う上司

顧客対応に関することで、メンバーの意見を尊重せずに判断し、メンバーのモチベーションを台無しにしたばかりか、当事者意識の芽を摘んでしまった失敗事例をまずはご紹介します。

私はマネジャーに昇進し、100社弱の大手企業の顧客をメンバー4人と共に任されました。お客様の人事上の課題を解決し、顧客満足度を高め、業績を向上させることがミッションです。顧客の中には、従来から自分が担当していた顧客もありました。

昇進直前の私は、表彰されることも多く、自分の営業スキルや実績に自信を持っていました。そして、そのような顧客の一部を、期待している2年目のメンバーに任せることになりました。そのメンバーは顧客からの高い要望を頂きながら、必死で頑張り、毎晩夜遅くまで自力でお客様の期待に応えようと頑張っていました。

しかし、それが数週間と続き、そのメンバーの表情にも疲れが見え、途中経過の報告は聞いていたものの、顧客からの良い反応の情報は伝えられず、お客様からの期待に応えられているのか？　と不安の気持ち共に、メンバーの体調を心配する日々が続きました。

そこで、そのメンバーには、この状態が続くようなら、私が一部の顧客を担当し、フォローする用意があることを伝えていました。しかし、そのメンバーは顧客から期待され、益々要望を伺い、仕事量と労働時間は改善されるどころか、さらに増えていくように見えました。

そこで、体調が心配なこともあり、我慢できず意を決して、「まだ、大丈夫です」と言い張るメンバーを制し、一部の顧客の企画提案業務を強制的に取り上げ、お客様から不満の声が出ることを防ぎ、なんとかその状況をやり過ごし、少しはメンバーの労働時間は改善し、自分なりに、責任を果たしたと感じていました。今から、思えば恥ずかしいですが、自分なりにマネジャーっぽい振る舞いをしたと、自分を褒めていたくらいバカで能天気でした。

それが間違いだったと後日気づくことになります。そのメンバーからは、言葉としては「ありがとうございました、助かりました」と言われていました。しかし、状況が落ち着いて以降、案件の相談や、営業同行の依頼がどんどん減って行きました。多少、よそよそしい態度はあったものの、例の案件で、「気を使っているのだろう」位にしか感じていませんでした。

それについても、本人が早くも適応して、慣れてきたのだろうと、ポジティブすぎる勘違いをしていたのです。

それは人事部長からの話で知ることになりました。出張で関西に来ていた人事部長が「時間ある？　どんな調子？　少し話をしないか？」と声をかけてくれました。昇進したばかりの私を気に掛けてくれていると感じ、すぐに時間を作り、オフィス近くの喫茶店で話をしました。

人事部長は、私の状況を理解しようと話をじっくり聞いてくれました。グループの運営の仕方やメンバーとの関わり、顧客の状況など、昇進したばかりで少しテンションが高めの私は、知らず知らずに、「自分がいかに頑張っているか」をアピールしていました。人事部長は、特に何かアドバイスをしてくれるという感じではなく、私の意見と努力を受け止めて尊重してくれていると感じました。ひとしきり話をさせて頂いた後、人事部長が「ちょっとだけ、気になっている話があるんだけど」と話を切り出しました。「長崎がメンバーの仕事に手を出しすぎるという声をメンバーから聞いたんだけど、思い当たるフシある？」と言われたのです。

「はい？」と私は、その言葉の意図が掴めませんでした。感じたことは、あまりポジティブな雰囲気ではないな？　というだけことでした。私は少し身構えたと思います。「それって、どういうことでしょうか？」とこちらから逆に聞いてしまいました。

その内容というのは、前述の2年目のメンバーの話でした。人間として幼かった私は、聞いていて怒りが込み上げてきました。感謝されて当然だと思っていたのと、何故、自分に直接話してくれなかったのか？　という2点においてです。

人事部長の話では、メンバーはもちろん感謝しているが、私が仕事を奪ったことで、メンバー自身が私に信頼されていないと感じ、またお客様が上司である私を頼りにし始めたことが、なんとなく気にかかり、仕事をやりづらいと感じている様だったのです。それでもまだ私は理解できていませんでした。

少し間をおいて「お前が、逆の立場だったらどう思う？」と人事部長は聞いてくれました。「・・・・・・」。私は同じ気持ちになるかも知れないと感じつつも、小さな怒りが、それを言葉にするのを押しとどめました。

「なんで、あいつはそう思ったんでしょうかね？？？」。私は、冷静さを取り戻そうと、人事部長に逆に質問しました。すると、「人として、期待・尊重されてる感じがしないから、なんじゃないの？」と、端的に言われました。言葉を失いました。

この場面で、自分としては言われたくない言葉の一つをもらい、自分がマネジャーになって、組織を動かす上で、盲点になっていたことを、目の前に突きつけられてしまいました。業績と顧客対応しか見ていなかったのです。

前章で、リクルートっぽい組織風土を生み出す基底に「個を生かし、その可能性に相互に期待し合う」組織の雰囲気や姿勢があることを述べました。それを私は壊していたのです。表面上は、なんとか取り繕ったようにしましたが、大事な基盤が抜け落ちそうになっていました。

こういうことです。メンバー本人は、負けず嫌いでプライドが高く、顧客に期待されればされるほど、燃えるタイプでした。本人が一年目の時、側で見ていてそう感じました。そして、大手企業を任され、やる気になっていたタイミングにもかかわらず、その時の状態と対応について、本人の意向は聞いていたものの、仕事のスピードや品質基準に関して、私の基準で判断し、顧客の反応をしっかりと把握しているとは言い難い状況でした。対応策についても、相談をもらいながらも、的確ではないと感じ、メンバーの考えを深めることをせずに、私のやり方を押し付け、一方的な指示によって、決めてしまいました。完全に小僧扱いです。

ある意味、その場対応としては間違えていないとも考えられますが、私が考えるリクルート的な組織風土を生み出すためには、絶対やってはいけないことでした。結果、メンバーの「当事者意識を奪い」「効力感を感じる成長機会を奪い」「仕事の意義を感じる機会を奪った」わけですから。

この時、単純にこうしなかったことを猛省しました。相談を受けた時に、ただ一言「お前は、どうしたいんだ?」と聞いて、話を深めなかったことです。ご存知の方もいらっしゃると思いますが、これはリクルートグループのメンバーマネジメントで象徴的な言葉です。本人の主体性を問う言葉です。「お前がその仕事の主人だよな?」と問うている訳です。この言葉を、上司や先輩から言われ続け、意思表明し、行動に移し、失敗を重ねながらも、自分の当事者意識を育んでいくのです。

それと同時にマネジャーも器量が求められる言葉です。マネジャーは、メンバーが「こうしたい」と言ったら、状況や背景や思いを共有し、大きなリスクが無ければ(場合によっては状況共有もなく、大きなリスクがあっても任されてしまうこともある:笑)、メンバーを尊重し、行動を見守り、要望があるときにはサポートし、最終的には責任を取らなければなりません。そうしなければ、「お前は、どうしたい?」の言葉の力が無くなってしまうからです。

そうでなければ部下は、どうせ言っても上司は自分のやり方を押し付けるだろうと考え、それが積み重なり最悪の状態は「この場合、どうしたら良いですか?」と聞いてくるメンバーを増やすことです。目指す組織風土とは真逆の状況を作りだしてしまいますよね。

なぜ、あのときそう聞かなかったのか? と思い返すと、まだ、マネジャーとしての心構えができておらず、メンバーの延長線上の役割として、グループ運営をしていたのだと思います。背景には小さな虚栄心もあったと思います。自分が仕事の効力感を感じたいという気持ちと、メンバーと同じ仕事で、そのレベル差を見せて、影響力を発揮し、業績を達成して、上司として認められたいとの思いもあったと思うのです。メンバーの育成が視野か、外れていたと思います。器が小さすぎました。

もし、「お前はどうしたい?」と聞いていたら、そこで、じっくり状況把握も出来たでしょうし、仕事に対する考え方のすり合わせもできたはずです。その上でメンバーが新たに考え出した案なら、仮に私や他のメンバーにサポートを求めた状態になったとしても、そのメンバーが当事者として責任感を抱きながら仕事を進められたはずです。そこで、グループのコミュニケーションも深まり、一体感も醸成されたはずです。

その反省にもかかわらず、その後も仕事の内容で頼られると、つい解決策を提示したくなる誘惑を簡単に断ち切ることは出来ませんでしたが、少しだけ、勇気を出して「お前は、どうしたいんだ?」と言える回数が増えていったと思います。

みなさんの組織や会社では、組織風土を象徴するコトバはあるでしょうか? よく発せられる言葉が組織風土を醸成し、強化していきます。

ありたい組織風土と、その言葉が促す思考や行動が合致していますか?

業績評価項目をテコに、変革推進を進めようとした罪

業績評価のモノサシとなる、目標管理項目に多くの目標項目を設定していました。評価・報酬制度をテコに、顧客価値提供活動の変革を進めようとしたのです。結果、メンバーの顧客価値提供行動を縛り、主体性を失わせ、メンバー個々人のエネルギーを、小さな目標にフォーカスを当てることを強いて、変革活動の大義がメンバー一人ひとりに「自分ごと」として伝わりませんでした。

目的は、最終的な売上目標の達成はもちろん、その内容を組織としてお客様に提供する

価値を変える為でした。そして、それを表すＫＰＩ(key performance indicator)を目標項目として設定したのです。

営業部長として、営業部の業績、戦略の推進に責任をもつ立場となり、当然ですが、絶対に達成すべく取り組もうと考え、部の売り上げ、戦略目標とともに、先行指標となる行動指標を10種類弱設定しました。かつ、それらを、部、グループのモニタリング指標としてだけではなく、各営業メンバーにも数字を割り振り、個人の目標管理項目にも、わずかな割合ですが反映しました。目的は、部の業績、戦略推進に各メンバーを導くことでしたが、結果的にメンバーの大局的な観点での組織ミッションコミットメントを低下させました。

何故なら、メンバーの仕事内容に、小さくない変化と新たな負荷を生じさせる新戦略の推進を、業績管理指標という指示・命令型コミュニケーションに頼りすぎて、目先の目標に意識を向けようとしてリクルートの組織風土で大切な、「仕事の社会的意義を感じさせること」ができず、「当事者意識も生まれず」「効力感も感じられない」状態を生み出してしまったからです。

何故なら、業績管理指標は、「これをやったら、評価する」「これをやらなかったら、評価しない」しか、語っていません。一方通行のコミュニケーションです。

そして、前提として、リクルートグループの業績評価結果は、利益の社員間の再分配指標として、報酬及び昇格に大きく影響します。ですから、評価という権限・権力を用いて、「有無を言わさず、経営陣が言っていることを聞け」としか、その施策では伝えていないわけです。

当時のメンバーからのコメントで「とりあえず、ＫＰＩやったらいいんでしょ」という言葉がそれを象徴しています。

そこにリクルートが大事にしている組織風土や空気が醸成されません。メンバーを信頼したいと思いながらも、信頼しきれず、報酬で権力者のようにメンバーを動かそうとした恥ずかしい失敗でした。メンバーが納得し自己決定したという感覚が生まれる機会がなかったからです。

もちろん、リクルート的な組織風土ではなく、中央集権的な風土を強みにしている場合は良いと思いますが。このような中で、メンバーに主体性を求めるのは難しいと思います。言われたことを、しっかり、着実に実現する社員を育てたい場合には、今回のような方策もあり得るかもしれません。

また、評価制度運用のテクニック的にも、業績評価指標の内容が悪かったと考えています。何故なら、誰も販売したことがない新製品・サービス売上を指標に入れたからです。モチベーションの期待理論からすれば、成功の見通しがつきにくい目標ですから、一部のメンバーを除いて、行動へのドライブがかからないことは、あらかじめ理解すべきでした。最初は、グループまでの指標反映、もしくは、業績評価とは違うインセンティブ制度を用いて、小さな事例を作り出してから、全面的に展開すべきだったと反省しています。

評価基準をねじまげた罪

業績評価基準を、期初メンバーと約束したものとは違う評価にしてしまいました。甘く付けたのです。これでは「期待し合う」組織風土としては、中途半端になってしまいます。「効力感」も生まれないでしょう。評価を受けたメンバー達も、「これやらなくて良かったんだ」と現場で会話します。結果、期待したいミッションに対しての当事者意識が育まれるはずがありません。

加えて、その後も評価制度の信頼性が揺らぎ、戦略推進のための目標管理という業績評価ツールの効果を台無しにしてしまった残念な事例をご紹介したいと思います。

営業部長として新サービスの種を育てたいと考え、ある新規開発した製品・サービスの導入を部の目標、ひいては個人の業績評価の目標指標としました。

目的としては、その製品が提供する価値をお客様は求めているのか？　の反応を知りたかったのです。無料トライアルという形にすることで、顧客の導入負荷や心理的抵抗を取り除き、その価値に顧客が関心あるか？　知りたかったのです。

結果は散々でした。大きな業績目標を担ってくれているメンバーにとって、無料サービスを紹介することや、特に納品負荷への心理的、物理的負担のイメージを解消しきれませんでした。

メンバー達が、そのサービスの価値を顧客に紹介はしても、クローズするまでドライブが掛からなかったのです。完全な業績評価目標設定上のミスです。大きな売上目標を担い、実績以上を求め、さらに新製品サービス提供で負荷をかけているわけです。

メンバー達の気持ちとしては、それだったら総合的に業績評価が高くなる有料で、実績があり、市場でも評価が高いサービスをもっとご提供したほうが、確実に顧客に喜んでいただけるし、自分の評価も良くなるわけですから、メンバー達の営業行動も、その方向に行きました。目的とは正反対の結果を生み出しました。

具体的には、メンバーが約20人いて、当初の目標を達成したのは、2人か3人でした。日も当てられません。達成メンバー以外は、この業績評価項目は、とても低い評価になります。そして、この項目に対する評価が、業績総合評価に当然マイナスの影響を与えます。その結果、総合的な売上を前年比以上の実績を残し達成しているメンバーさえ、標準以下の評価になってしまいます。ルール上は仕方ない状態です。期待した業績目標を達成できなかったわけですから。

でも、私の中で、これで良いのだろうか？　と疑問が湧きました。それまでの概念では、総合売上は達成しているのに、業績総合評価（行動評価は別評価）が標準以下はあり得ませんでした。私はまだこれまでの業績評価項目のパラダイムから転換出来ていませんでした。売上を上げるだけでは、これからの部は成り立たないと宣言したにもかかわらずです。

それと、メンバー達に対する引け目もあったと思います。私はこの業績評価項目の適用について、マネジャー会議でも強引に進めて決めたからです。メンバーの業績評価が低くなる現実は、私の決定に大きな要因があるのは明白でした。メンバーから、怒りにも似た感情も向けられるでしょう。正直、これをなんとかして、メンバーからの信用を失いたくないと思ってしまいました。今、振り返っても、器が小さすぎです。胆力がない。

そして、実際にそういう「ごまかし」の行動をしてしまいました。メンバーの営業プロセスを見てみると、導入には至らなかったものの、紹介だけは、みんな一生懸命やってくれたので、そこも評価対象として組み入れることで、評価全体の低下を避けることはできないかと考え、５段階中、最低評価がつかない配慮を行いました。

これが本当にイマイチな判断でした。目標設定の意味を失わせ、新規事業の芽を積んでしまったわけです。業績評価目標の目標とその評価基準は、褒める基準と賞与算定基準になっている仕組みですから、これくらい半年頑張ったら、これくらいの評価で、これくらいもらえるだろうとの期待から頑張るわけです。その基準を曖昧にしてしまったわけですから、メンバーからすると、目標って適当だよねということになる。

そうすると、目標に対する「当事者意識」を育みにくくなります。そして、それが連鎖し、効力感を感じることはもちろん出来ません。メンバーへの期待の強さを基盤にした、マネジメントがうまく生かされません。

また、新規事業の兆しを見つけ次期に本格スタートさせたかったにもかかわらず、兆しの成果として、甘い評価をした私は、一旦この程度の成果で良いよというメッセージをメンバーに送ってしまったことになります。

私の新規事業への覚悟が「中途半端」との印象を与えた結果となりました。私に、戦略推進責任者としての「当事者意識」が弱いことが露呈したと思います。

ここは毅然とした妥当な評価をすべきでした。そうすることで、私も含めた組織全体へ戦略の「当事者である」との責任や期待は、再度メッセージできたはずです。

甘い評価をつけ、いい格好する評価者は、結局メンバーに甘えていたことだと恥じました。やるべきことは、業績評価項目を決めたら、責任を持って、メンバーに、期待し続け、そこを責任を持って完遂させるプロセスの中で、「効力感を感じる機会を作り続ける」ことだと学びました。マネジャーは評価することがミッションではなく、メンバーの評価を良くするように、やらせ切ることとです。評価制度に頼り、評価の運用で、組織風土に大きな影響を及ぼすことを肌身で感じた失敗でした。

見て見ぬふりをした罪

良好ではないメンバー同志の関係を放置し、相互の心理的負荷を増やしてしまったことです。その結果、ミッションの推進にも影響を与えました。

しかし、それ以上に大きな影響は、「個を生かし、その可能性に相互に期待し合う」組織風土が損なわれ、その結果「当事者意識を育む」ことを阻害する「他責」の感情を放置していたことです。

メンバー同志の関係が良好な状態ではなく、メンバーでギクシャクしている時や、あるプロジェクトで感情やコミュニケーションが一方的で、一部のメンバーが憔悴している状態を「大人なんだからお互いで、何とかするだろう」とか「自分が入ると関係性がややこしくなってしまう」等、自己正当化の言い訳を自分に用意し、見て見ぬ振りをしたことによって、組織内の関係性がどんどん悪化し、相互コミュニケーションも悪くなり、知識の共有も効果的に行われず、それぞれのメンバーを結果的に追い込んでしまうことがありました。

とても頼りにしていたベテランメンバーに、若手メンバーの指導・育成をお任せした時のことです。ありがたいことに、そのベテラン先輩メンバーから、中途採用メンバーの育成を申し出てくれたのです。その内容は、自身の大きな実績顧客の営業及び納品活動を通じて、顧客関係性および提供サービス内容、サービスレベルを共有するというとても具体的な内容でした。しかも、売上実績は、若手メンバーのものにしたいとの提案でした。

とても後輩思いで、利他的な行動に、さすがだと尊敬しました。当然、断る理由はありませんので、若手メンバーにも伝え、実行することになりました。若手メンバーも中途入社して間もなかったため、ベテランメンバーの指導を直接受けられることを喜んでいました。

ベテランメンバーのリードによって、若手メンバーはその顧客から次々と受注を頂いてきました。周囲からも褒められ、職場にも馴染んできました。

しかし、若手メンバーの表情や、話し方から、自信が感じられません。前職では異業種とはいえトップ営業だったと聞いていたので、これだけ実績も上げてきたので、もっと個性を出しても良いのではないか？ と少し違和感を持っていたのです。しかし、その時は、「そんなものか」と彼をしっかり理解しようとせず、ベテランメンバーに任せっぱなしでした。

その後も、若手メンバーは受注を頂き続けます。しかし、表情に自信が溢れるどころか、明らかに疲労の表情が現れ、長時間労働の期間も続き、回復している様子もありませんでした。言葉数も少なくなっていると感じました。私は、「体調大丈夫か？」という声をかけましたが、そのときだけは、若手メンバーは「大丈夫です！」と笑顔で応えていました。

心配でしたが、その言葉を免罪符に、この状況を先輩にお任せし続けようと考えました。何しろベテランメンバーは善意でやっていただいている訳ですから、その気持ちを軽く扱えないと思っていたからです。

しかし、ある時若手メンバーが限界を迎えます。「相談があります。もうあの先輩（ベテランメンバー）について行くことは限界です・・・」と私に申し出がありました。私は理由を聞きました。若手メンバーは、「体力もしんどいですが、自分でやっている気になれないんです」と答えました。「それは、かなり指導してもらっているから、仕方ない部分もあるよな・・・」と私は応え、続けて「それのどこが問題なんだっけ？」と聞きました。

彼は、「自分のお客様とか、自分で掴みとった成果だと思えないんです。体力的にしんどいのは仕方ないですが、あまりにも自分の判断で仕事を進めることができないので、気持ちがもちません・・」と言いました。

私は、う〜ん。こいつは業績も上がっているのに、甘えているの？　と感じてしまいましたが、ハッと気づかされました。彼のほうが、リクルートっぽい感じ方をしていたのです。「当事者意識を持ちたい」「効力感を感じたい」と思っていたのです。この彼の気持ちは消してはいけないと思いました。

ベテランメンバーとその若手と3人で飲みに行くことにしました。本来は、ここで、「では、なんでそういう状況になっていると思うのか?」「どうしたら、良い状態になれそうか?」「ベテランの先輩に、なぜそれを伝えないのか?」と彼の現状認識と要因を一緒に確認・共有し、気持ちも整理した上で様々なオプションを考えた上で、行動を起こせば良かったのですが、少しマネジャーとしての見栄を張りたかったセコイ気持ちもあったと思います。「俺がセッティングしてやった」と思わせたかったのかもしれません。

飲み会の冒頭から、余裕をなくしている若手メンバーは、俯き、言葉を選ぶ余裕もなく、「もう、何々さんのやり方について行くのは無理です!○○とか△△とか・・・」と積もり積もった思いを吐き出します。いつもの彼の丁寧な口調ではありません。想像以上でした。とても語気が強い。

まったくそんな言葉や、彼の様子を予想していなかったベテランメンバーは、状況を理解することが出来ません。私と彼を交互に見ながら、困惑している様子です。私はニュートラルな立場で参加したかったので、状況を見守ることにしました。

ベテランメンバーは「どういうこと??」と若手メンバーに聞きますが、彼はさっきと同様のことを繰り返します。一呼吸おいて、ベテランメンバーは「なんで、そう思っていたことを、もっと早く言ってくれなかったんだ・・・」と寂しさと悲しさと怒りが混ざった口調で、若手メンバーに問いかけるように告げ、少し涙をこぼし、顔をそらし、力が抜けていくようでした。

そのベテランメンバーを見て、本当に申し訳ない気持ちで、彼を直視することが出来ませんでした。自分が本当に頼りないマネージャーだと感じました。

ベテランメンバーと若手メンバーの間に「個を生かし、相互に期待し合う」関係性ができるようにサポート出来なかったことです。もちろん、ベテランメンバーは、若手に期待し、成長してほしいという思いでやっていたはずですし、私もそう感じていました。そして、その気持ちは若手も理解していたからこそ、しばらくは続いたのだと思います。

でも、私はこの時も業績やミッション遂行度の観点を重視し、メンバーの状態や先輩との関係性を見落としていたのです。彼の大切な当事者意識の発露としての主体性を発揮しづらくしていたのです。

そこまでやる必要があるのか？　とのご意見もあるかもしれませんが、リクルートっぽい組織を作るなら、間違いなく必要です。放置すると、悪意の無い一方的な善意で、強さの源泉である組織風土が失われるからです。

マネジャーは、業績責任や人材育成に対して、その責任を負っていますが、その土台が、組織風土だからです。若手メンバーのサインを感じたときに、すぐ本人に確認したり、ベテランメンバーに相談したり、3人で場を持つことができたら、事態も変わり、二人ともに充実した時間を過ごし、組織も強くなっていたのではないかと思います。

若手メンバーが、単純にもっと早くに言えばよかったとのご意見もあるかもしれません。そうあって欲しいと思います。皆さんの職場ではどうでしょうか？

中途入社の若手メンバーは、ベテランが善意でやってくれていることに対して、言いづらいことは沢山あります。何故なら、職務ポジションや、そこから発生する権限が、無言のプレッシャーを与えているからです。その前提で、組織内の関係性作りを考えなければならないと思います。

この飲み会の後は、ベテランメンバー、若手メンバーが相互に理解し合い、信頼し始め、関係性は改善していきました。彼らに救われ教えられました。

年上の部下に「人として」真摯に向き合えなかった罪

ありがたいことに、マネジャーとして、年上のメンバーの力を借りる機会に多く恵まれました。10歳以上先輩の方もいらっしゃいましたし、以前は、私の上司だった方もいらっしゃいました。

僭越ながら、そのような先輩方に、マネジャーとしてはもちろん、同じ組織のメンバーとして「個を生かそうとして、相互に期待し合う」ことが出来たか？　と考えると、自信が持てません。

もちろん、そのような方々は、私がサポートしなくてもミッションに「当事者意識」を持って携わって頂き、ご本人の中で「効力感」が感じられるように工夫し、ベテランになればなるほど、社会的意義や顧客にとっての価値を追求する方が多かったと思います。それなりに、ベテランの方々がマイペースでお仕事をできる環境を作ろうと努力をしてきましたし、多くの方は仕事の面では気持ち良く働いていたと思います。

「では、いいじゃないか？」という気持ちもありますが、今振り返るとそうではなかったと反省と後悔の気持ちを持っています。

何故なら、その人を生かし切れず、組織の中で、その人固有の存在感を発揮頂けない状態では、組織内の関係性において、微妙なポジションになってしまい、孤独感を感じさせる結果になったのではないか？　と思っています。

これは、情緒的に理解して頂きたくないのですが、組織運営面と組織風土の醸成という側面で問題と感じているのです。その理由はこうです。ベテランメンバーが、他の中堅若手メンバーに「個を生かし、相互に期待し合う」行動をとることが少なくなるからです。これは看過できるはずがありません。存在感があり、発言力もあるベテランメンバーの方々ですから、影響力は大きいです。

ベテランメンバーの方は、豊富な経験を通じて、多くの知見をお持ちです。組織にとっても貴重な財産です。しかし、豊富が故にどのようなときに、どのような形で、表出すれば良いか？　とまどい、そのベテランメンバーが直接関わる範囲にだけ、アウトプットされているケースが多いと思います。

私やメンバーが、ベテランメンバーに敬意を払い、具体的に場の設定やミッションとして期待しないから、ナレッジが組織内で共有されず、表出されないケースが多いのです。ナレッジや経験が表出されないから、組織メンバーは、そのベテランメンバーの貴重さや素晴らしさがわからない。

そのような状況だと、ベテランメンバーも組織から、その人の個性で経験を積み、その人の歴史を作ってきた「人」として尊重されている感覚がなくなるでしょう。当たり前です。甘えではなく、そう感じるものだと思います。

そう感じている人が、「個を生かし、相互に期待し合う」ことが、頭では大切だと理解できていたとしても、個人で難易度が高いミッションを担っている場合が多く、余裕もなくなり、そう振る舞うことが少なくなるケースが多かったと感じています。

更に、ベテランメンバーはマイペースの方が多いですから、提出書類や定例会議も少しいい加減になる、社内イベントにも出なくなることが増える、相互の現状を理解し期待し合う場が減り、ますますベテランメンバーとそれ以外のメンバーの関係性が弱くなり、ナレッジの交換の場が減る。

その結果、他のメンバーがベテランメンバーの知見を自分の仕事に応用して成長し、効力感を感じる機会も減ってしまい、悪循環に陥ります。組織能力の向上機会も失われるわけです。マネジャーとしては、組織運営に余計な負荷がかかるようになります。

僕の失敗事例で本当に申し訳なかったのは、次のような事例です。

マネジャーになった頃、年上で私よりもキャリアがあったメンバーに向き合えませんでした。具体的には、その方への業績以外の期待を明確にできていませんでした。数々の難易度の高い取り組みを成功させた実績を少しは知っていたにもかかわらずです。結果、その先輩の実力も発揮していただけませんでしたし、従来の信頼関係も崩れてしまいました。

私は日常、業績進捗や提出物等の管理項目等しかフィードバックできなかったのです。セコくて陰湿な嫌われる学級委員タイプの関わりです。日常の振る舞いなどに関するフィードバックも、「周囲もこう言っていますのでお願いします」とか、自分の言葉に責任を持って接することさえできていなかったのです。ヒ弱です。

結果、その方は、他のメンバーに対しても疑心暗鬼になったり、逆に周囲を取り込もうとしました。業績推進の面から考えても、そのような組織内の関係だと、ベテランメンバーの貴重なナレッジが表出化される機会はありませんし、相互に期待しなくなります。グループ全体が冷ややかな雰囲気になりました。ありたい組織風土からは、程遠い状態でした。

その原因は、私がそのベテランメンバーを怖がっていたのだと思います。マネジャーの私の影響力を脅かす存在だと感じていたのだと思います。

それを反映して、「マネジャーになったからには、メンバーには私の言うことを聞かせなければならない、そうじゃないと示しがつかない」と思ってしまっていたと思います。「個を生かし、相互に期待し合う」姿勢のカケラもありません。

そんな小さいことばかりを思っていましたから、ルール等概ね正しいことしかフィードバック出来ない状況だったのだと思います。本当に、そのベテランメンバーには、申し訳ないことをしたと思います。

このときの失敗を機に、ベテランメンバーに頼ることを覚えました。しかし、まだベテランメンバーの知見や実力という「機能や能力」の側面ばかりに目がいってしまっていたと思います。その人の歴史や経験をさらに生かしていただきたいと思えるようになるには、かなりの年数を要したと思います。

リーダーとして業績のみを追いかけ信頼を台無しにした罪

あるメンバーが新規顧客に、入念に準備をして提案し、提案内容は大変評価を頂いたものの、金額が合わず、ご提案領域を限定し、お客様の予算内に収め、営業末日に受注し、ギリギリチーム目標が達成したという事例です。

よくある事例ですし、新規のお取引も出来たし、チームも達成して良かったではないか？　どこが悪いんだ？　との反論も頂きそうです。しかし、業績面以外の観点からすると、微妙な出来事なのです。実は、担当営業はご提案内容すべての受注にこだわりました。なぜなら、その範囲でないとお客様が求めている問題解決ができないのです。そのときご発注頂いた内容では、問題解決の入り口に立つくらいの価値提供しか出来なかったのです。お客様もそれで一旦は社内で格好がつくので良いとのご判断でしたが、担当営業としては、解決まで出来なければ、プロとして恥ずかしいし、後でクレームになり兼ねないと考えていました。しかし、本人もグループの業績目標があと少しで達成することを認識しており、彼の中で相当悩んだ挙句、締め日の3日前に、私に相談して来ました。彼の気持ちも一部はわかっているつもりで、「どうしたいんだ？」と聞いたところ、「グループの業績が達成するのなら、中途半端ですけど、一旦受注を頂きたいと思います」と言いました。私はあっさりと明るく「ありがとう」と言ってしまいました。

そのときの営業担当メンバーの微妙な表情が忘れられません。グループ数字をなんとかしたい！　という気持ちがありありと私から発せられ、彼にはなんとなくご提供内容にこだわるよりも、数字が重要なんだと伝わったと思いますし、他のメンバーにも、同じことが起きたら業績目標を大事にするべきだとの暗黙の雰囲気ができたのではないかと思います。ここでの私の罪は、顧客提供価値にもこだわるんだったら、「一緒に、もう一回、お客様の上司も含めてご相談に行こう」とアクションを起こすべきだったと思います。また、メンバーが相談に来た時に、最低レベルとしては「本当に、それでお前は良いのか?」と問い直すべきだったと思います。

リクルートの快活な風土と高収益は、業績に対するこだわりもありますが、それ以上に、お客様に本当に役に立っているのか? の責任感とそれ故の広い視野の提案が支えているわけですから、こじんまりや中途半端だったとしても、受注できたら褒めるという方向に組織文化や価値基準が向かう芽は潰していかなければなりませんでした。

任せないことによって、メンバーの成長機会を奪った罪

マネジャーとして4つのグループの兼務をしていた時期がありました。しかも大阪、名古屋、静岡と3拠点と離れた地域を担当していました。ご存知の方も多いと思いますが、それぞれ地域風土や商習慣も違い、顧客特性も違っています。そのような環境を前提とし

た組織運営を行わなければならない中、ほとんど移動時間で、自分なりに努力はしているつもりでしたが、オフィスにいる時間を多く取れるわけがなく、日常職場で交わされている会話を聞くこともなく、メンバーの表情や関係性を見て感じることが出来ておらず、自分なりの限られた情報の中で、方針を打ち出し、判断をしなければなりませんでした。

そんな状況下で私は、戦術企画、定例会議の内容、顧客への提案内容、料金の判断等、細かい指示を出していました。業績はそれなりに責任を果たせたと思いますが、今から振り返るとメンバーの成長にとって、とても良い成長機会を奪ってしまったのではないか？と反省しています。

各地域、グループにリーダーとしてお願いできる人に、私が実現したいこととその背景と達成基準を明確に伝え、あとは余程のことがない限り、判断もリーダーに任せるべきだったと反省しています。そうできなかったのは、業績に対する小さく生真面目な責任感とメンバーを信頼しきれず、期待しきれない自分の弱さや、判断する権限を持っている自分が好きだという人間としての小ささにあったと思います。そのときリーダーとなりうる各メンバーから、各グループの環境やメンバーの状況と問題意識等やなぜそう考えるか？を事前に話し合ってすり合わせておけば、信頼できたと思います。その場を作り、リーダーに任せ、後は見守ることによって、メンバーの当事者意識もさらに高めることが出来たでしょうし、メンバー内の情報共有も進み、信頼関係も育まれ、個々がしんどいながらも成長したのではないか？　と想像すると、相当格好悪かったし、申し訳なかったし、罪は重いなと感じ反省しています。

マネジャーになりたい動機があまりにも幼かった

私は、マネジャーやリーダーになることが、まずはキャリアの大きな一つの目標だと軽く考えていました。その時に、それなりの動機や覚悟が必要だったと、経験から振り返り、痛感しています。私は、単純に、周囲（家族や同僚や会社）からの承認の証として、マネジャーになりたいとの思いが強かったかもしれません。あまりにも幼い。別に悪くないと思いますが、マネジャーやリーダーの責任の重さ、業績や戦略推進はもちろん、メンバーへの関わり方、スタンスをイメージすることなしに、キャリアの一つの目標としてくらいにしか、考えていなかったので、自分はもちろん、メンバーに苦労させる結果になりました。これまで同僚だったメンバーが、私に不必要に気を遣ったり、その結果、言いたいことが言えなくなったり…顧客や、現場から急に離れると、視線が急に社内に向いて、現場組織を内部の視点からコントロールする誘惑に駆られ、ついには自然とそうしていました。現場にいると、業績や評価の主な源泉は顧客や協力部署メンバーだったはずなのに、急に社内目線が強くなった自分が表出してきました。自分の評価ばかり気にして、マネジャーやリーダーになると、器が小すぎた為、しんどい目を見る典型でした。もうこれからの時代、こんな思考や志向のマネジャーは淘汰されていくでしょう。何故なら、優秀で自律的に働きたいメンバーを惹きつけておけないからです。優秀な人たちが活躍できる場は、前述のようにどんどん増えています。結果、当時の私がマネジャーのような組織は早晩、成立しなくなります。

これまで、お話した私の失敗例は、「人」中心のマネジメントとはまったく逆で、「仕事」「自己満足」中心かつ、メンバーを自分の評価を高める道具として見ていた感も否めないマネジメントです。マネジメントの実践に「人」のリアリティを欠いた瞬間、リクルートグループが大切にする組織風土を壊してしまうことを、身をもって学習させていただいた、貴重な体験でした。

第4章

リクルートの
組織風土作りで
取り組んでいたこと

何故、そのような組織風土が作れたのか？

これまでに、お話ししてきた、リクルートの組織風土は、どのように作られ、維持し続けているのか？　私の実感値でご紹介したいと思います。

当然、事業、戦略、組織体制、仕事、顧客、競合等の環境が、組織風土に少なくない影響を及ぼしています。そして、リクルートグループは常に、高い目標に挑戦していました。メンバーにはとても大きなプレッシャーがかかります。しかし、それらの影響を凌駕する組織作りの努力を、リクルートグループでは実践していたからこそ、成長し、その組織風土が守り続けられていると思います。

これまでお話ししてきた４つのキーワード

「当事者意識を芽生えさせ」

「効力感を感じさせ」

「仕事の意義を感じさせる」

「個を生かし、その可能性に相互に期待し合う」

は、組織の参加者が、こうありたいと概念として共感していることが前提ですが、実体験として、体感することがなければ、組織風土にはなり得ません。

経営者が、こんな組織風土にするぞ！　と言っても、実体験が伴わなければ、しらけるだけです。逆効果です。ですから、体感するための「しくみ」「場」「習慣」「関係性」をうまく取り入れて、組織メンバーが心理的事実として、感じる機会を作っていたと思います。それによって、組織風土が醸成され、管理、育成、指導コストが圧倒的に下がっていたと思います。

ここでは、キーワードごとに、それぞれに効果的だと感じたものを、私の体験からご紹介したいと思いますが、その前に、リクルートグループでは、組織活性のポイントとして、大沢武志さん（元リクルート専務取締役　株式会社人事測定研究所　創業者　元代表取締役社長）の言葉が語り継がれています。

それは、「1に採用、2に人事異動、3に教育、4に小集団活動、5にイベント」。これに共通しているのはカオスの演出です」というものです。現実に、それらのベースに、新規事業やサービスへの挑戦という機会を通じ、リクルートグループでは、カオスを演出し、メンバーの心の中の葛藤や、メンバー間の軋轢をバネに、エネルギーを引き出し、組織活性化に導いていていました。

これから、ご紹介する取り組みは、そのような厳しく、カオスの環境下で、組織が分裂、崩壊せず、個人や組織のエネルギーをそこから汲み出す取り組みだと捉えて下さい。

個を生かし、その可能性に相互に期待し合う

前述しましたように、この風土がなければ、他の3つは成立しないと感じています。そういう意味では、最重要の組織風土だと考えています。なぜなら、お互いを知り、理解・尊重し合うことができなければ、自己信頼や他者信頼を感じることはありませんでした。相互信頼がない状態で、期待や要望をされても、それぞれのミッションに「当事者意識」を持って当たる事が出来きるでしょうか？　私なら、やらされ感になるだけです。仕事ですから、自分が好きなことばかり出来る訳ではないですよね。色々面倒臭い部分も含めて飲み込んで、自分で腹を決めないといけないわけですから。もしくは、組織にコミットせず、ミッションのみに当事者意識を持っているのでしたら、自組織でやる必要があるのか？疑問を持ち続けます。

また、何かをやりとげた時、相互理解や信頼がなければ、互いに心から賞賛を送る事が出来ません。嘘の「おめでとう」は、やっぱり伝わってしまいますよ。顔が引きつるなど、

■図③個を生かし、相互に期待し合う組織風土を育む施策

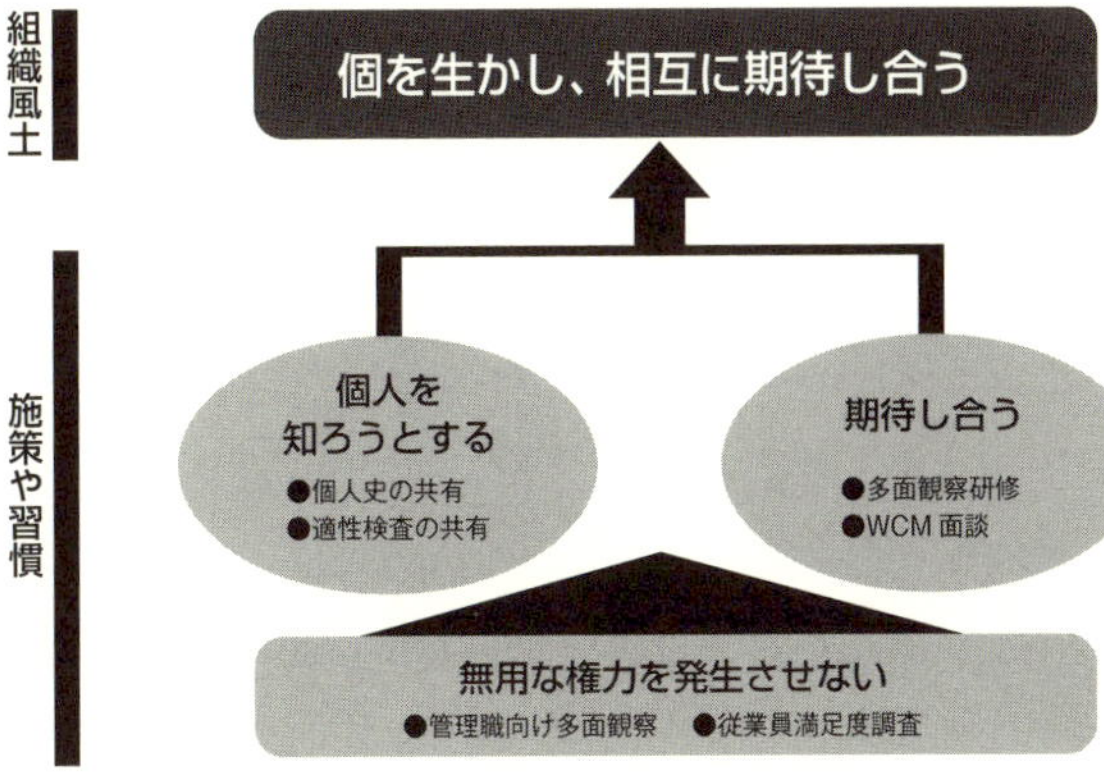

表情に出してしまいますから「効力感」も半減してしまいますね。「なんか、自分は利用されてる」と感じることでしょう。

「仕事の意義を感じる」ことはどうでしょうか、これも顧客等の関係者との感情の交換で生まれるものだと思います。経済合理的な利害関係の中で「損得」ではなく、信頼している、信頼したい関係性の中で発生する感謝の言葉は、自分の仕事の意義を強く感じる瞬間でした。

これらの理由で、私は、この風土が組織運営の基底に据えられていると感じていたのです。この底が抜けると、すべて失いかねないと思います。成長期の大手企業は、終身雇用や福利厚生で従業員の安心感を醸

成していたと思いますが、それらとは、明らかに別の安心感です。
それでは、様々な施策や取り組みや習慣をご紹介したいと思います。
（図③参照）

個人の歴史を知る

「ナナメ線」という各個人の歴史を表したものを活用していました。グループ結成時の相互理解に役立てます。「個を生かす」為には、個を知らなければ成り立ちません。個人の歴史と、その時の気持ちや判断の際に大事にしたことを会話することによって、人となりをお互いに理解しあいます。グループメンバー間の共感の接点が増え、会話が増え、気持ちが近づきます。

何故、ナナメ線かというと、一枚のA3ヨコのシートをイメージしてください。シートの左下を「その人の誕生」と置き、右上を「その人の現在」（未来の場合もある）と置き、直線で結びます。すると、シートの左下から右上にナナメの直線が現れます。なので、ナナメ線と言います。単純ですみません。

内容は、各個人がナナメ線に沿って、生まれてから、印象に残っている出来事を年号も加えて、順番に書いていきます。10種類以上は、記入します。少しその時の感情も入れると、効果的です。

例えば内容は、私の場合はこうです、

「1971年　宝塚市に末っ子長男として生まれる」

「1976年　幼稚園に入園、しかしバス通園の初日にバス酔いし嘔吐、翌日バスに乗るのを拒否」

「1985年　中学校の野球部で主将になり、ここ数年1回戦で負けていたチームが、秋、春と市内で優勝した。調子に乗って、坊主から髪の毛を伸ばしたら、夏の大会1回戦で負けて引退」

「1987年　高校に入り、バイトで彼女が出来た。彼女の声楽レッスン代を稼ぐため、マック、新聞配達、便利屋等、バイト三昧の日々」

「1994年　大学卒業時、働くのが嫌で、電気工事で金を貯め、パリに逃亡」

「1995年　定着率0パーセントというキャッチコピーに惹かれ、リクルートに入社」

「1998年　採用だけではなく、人事制度や育成にも携わりたかったので、人事測定研究所に転職」

「２０００年　２半期連続で、半期ＭＶＰとソリューションチャンピオン賞等を頂き、調子にのる」

「２００２年　マネジャー昇進するも、思い通りいかず、苦労、半年後には、名古屋も兼務で混乱」
・・・・・・
という感じで、記入します。当然、年齢が高い方は、出来事が多くなります。

これをどういう場面で、どう使うか？　ですが、組織変更が行われ、新しいグループが結成された際に使われることが多いと思います。目的は、前述の通り相互理解です。

進め方は、こうです。参加者は、グループ単位ですから、５人〜多くて10人程度です。一人につき1時間使います。マネジャー含め、各個人が、ワークシートを事前に記入し、全員分を参加人数分コピーし、全員が全員分のシートが手元にある状態にします。そして、発表者は、５分程度で、自分の個人史の概要を語ります。

ここからが本番です。他の参加者は、発表者の歴史的出来事で、興味関心を持ったことについて質問していきます。

「この時、どう思ったのですか？」

「この時、何故、こんな判断したんですか?」

「この話、もう少し具体的に知りたいです」

「私だったら、こうしたけど、良くこれだけ頑張れましたね」

と深掘りしていきます。そこで、発表者はこたえます。

「その時は、すっごい、ムカついたんだけど・・・・」

「これは、ちょっと○○に負けたくなかったんだよね」

「これは、ちょっと恥ずかしい話なんだけど・・・」

と対話を続け、さらに深めていくわけです。一つの出来事について、一人が深掘りしていくのではなく、出来れば参加者全員で深めていくことができれば、グループ全員で、ちょっとしたその人の疑似追体験をしている状態になります。

そうすると、聞き手は、自分の似たような出来事とつなげて、その人を理解しようとしたり、自分が体験したことの無い世界を知っていて、面白そうな人かも等、仕事場面でしか知らなかったその人の「人となり」を共有することによって、安心感を抱いたり、もっと知りたいと興味が湧いたり、ちょっとした尊敬の念を抱いたり、日常の行動が理解できます。

発表者も、自分のことを知ってもらうことによって、安心感を持ちます。心の距離が近づき、仕事の話はもちろん下らない話も含めて、日常の会話も増えてきます。この機会を経て、相手を自分と同じ「人」として見るようになります。仕事だけの会話に終始すると、知らず知らずのうちに、同僚を「機能」として見ている瞬間もありました。

自分を振り返ってみると、同僚でも、その人の歴史を知っているのと、知らない場合では、同じ行動でも違う捉え方をしていたかもしれません。「人」として見ている場合は、同じミスをしても、「あいつなら、必ず巻き返す」とか「どうしたんだろ、あいつらしくないな」とか思っても、「機能」として見ている場合は、「何をやってるねん、どうするんや」と感じていた記憶もあります。

ですから、ナナメ線を共有する機会を持つことは、その人を知り、「人」として見て、感じることによって、「お互い」に前向きな配慮や要望、期待ができる入り口に、グループ全員で立つことができる大切な時間だと感じていました。

しかし、これはオフィシャルに設定されているのではありません。リクルートグループで提供している研修の一部から切り出されたものが、社内で勝手に根付いていったものです。多くのメンバーが、このような機会の重要性を感じている証拠だと思います。

仕事の仕方や、人への反応の癖を科学的に知る

ＳＰＩ：適性検査を活用します。これは、お互いを知る目的で活用されていました。人を理解する切り口は、様々あると思います。そして、人によっても切り口が違いバラバラです。そして、その人を捉えた時の表現する言葉も違います。

適正検査は、それをある一定で共通の枠組みを提示してくれます。それによって、人を理解し、知る深さや喜びを教えてくれます。

適性検査の情報は、採用時のものを使うこともあれば、入社後数年経つと変化する場合もありますので、再度、受験をして結果を共有する場合もありました。

ＳＰＩには、性格と能力がありますが、共有していたのは性格のみです。目的は、お互いを知ると言いましたが、できれば、お互いを「受け止める」ということまで意識して、活用できれば、このツールの良さを引き出せると感じています。

活用する場面主には、沢山ありましたが、「マネジャーがメンバーマネジメントの参考資料として使う」と「自己理解、メンバーの相互理解で活用」です

まず、マネジャーとして、どう使っていたかをお話しします。

先ほど、活用目的として、お互いを「受け止める」とお話ししましたが、まず、私自身のSPI性格傾向とそれぞれのメンバーがどう違うのか？　を理解していました。そして、受け止める努力をしていました。感覚的に、SPI性格結果で、真逆タイプメンバーの判断、行動や言動は、私と違うことが多かったからです。私は、器が小さいので、そういうタイプのメンバーには、腹が立ちました。ですから、あらかじめ知っておくことで、私の心の平穏も保たれるという身勝手な理由がまずあります。重要なことは、「良し悪し」を判断しないことです。とても重要です。良いところも悪いところも受け止めて、生かそうとしないと、お互いに不幸になります。

ですから、SPIの結果のコメント欄には、良い部分と啓発ポイントがそれぞれ記述されています。とはいえ、人間ですので、判断してしまいそうになります。ですから、私は、このように使っていました。

そして、冷静さを保てるからこそ、SPI結果に出ている個性を受け止めて接することが出来たのだと思います。

例えばこうです。SPIでよく見るのは、性格部分の意欲的側面です。意欲的側面に、活動意欲という項目がありますが、「判断後の行動の速さ」という意味も含まれています。

私は、その項目の得点が高いのですが、その項目が低いメンバーの行動を見ていると、イライラすることが多かったのです。

そういう場合でも、「なんで、まだ動いてへんねん！」と怒鳴らずに、「動けてない理由は何かあるんかな？」と聞き、行動を促すことができます。

また、組織適応性タイプも参考にしていました。仕事の与え方について、挑戦的な仕事の方が向くのか？　着実にステップを踏ませた方が良いか？　についてです。

もちろん、結果をすべて鵜呑みにして、日常マネジメントをしていたわけではなく、日々のメンバーの行動や言動と照らし合わせて、メンバーの理解を深め、本人が最も力を発揮し、成長しやすい仕事の進め方、任せ方を模索し続けました。

ＳＰＩの結果シートを手元に持ち、メンバーとその結果を見て共有しておくことで、メンバーはそれぞれ違って、個性があり、期待の仕方を変える必要性を、視覚的に意識することにも繋がっていたと思います。

そして、メンバー同士の使い方です。これも、メンバー同士の相互理解が目的です。ＳＰＩの各個人の報告書を見せ合って、「こういうところあるよね」と言い合うのが、一番軽い感じです。このような場を作るだけでも、「お互いバレちゃってるよね」という、気持ちが生まれ、自己防衛の心理が緩和されると思います。

もう少し時間をかける場合は、新人や内定者研修で使います。SPI結果報告書を各個人に返して、報告書から読み取れる自分の特徴と、思い当たる日々の行動を書き出します。それを元に、自身の行動改善のポイントを書き出し、周囲と共有するものです。新人同士で、このような共有が行われると、お互いの性格や、入社後に困っていることを共有できるので、同期意識が高まります。

ここまで、適性検査SPIの活用についてお話ししましたが、ここで、重要なことは「それぞれを受け止める」ということです。できれば、近い関係者全員が良いと思います。適性検査の結果の違い、そして、日常を見て、聞いて、感じている行動、判断の個性の違いや多様さ。この現実をまず受け止めなければ、「個を生かす」入り口にも立てないと思っています。

一人の研修結果をネタに組織活性化

ROD（Recruit Organization Development）システムというのがあります。多面観察をベースとした研修と、その後の職場フィードバックが一体となったプログラムです。

目的は、各個人の行動変容とそのプロセスを通じた組織活性化です。

実施するタイミングは、入社もしくは、グレード（等級）が昇格してから1年後程度、大きな組織変更があった場合に一斉に行いました。私個人としては、「個を生かし、その可能性に相互に期待し合う」空気が象徴的に現れているプログラムだと感じていました。

但し、それぞれの個を知り、生かそうとしていることが前提です。何故なら、各個人の行動変容を迫るため、組織メンバーから、「要望」と「フィードバック」の嵐をもらうからです。期待し合う場面そのものです。

全体の流れはこうです。まず、研修前に、対象者の行動についてのサーベイ（期待される役割によって複数ある）を、各職場（主にグループ）メンバー（上司、同僚もしくは部下）と自分自身が回答します。研修は、通常2泊3日の合宿形式で行われ、その中でサーベイ結果がフィードバックされます。研修参加者は、同じ役職もしくは、階層のメンバーで構成されています。

サーベイ結果は、「自分」「上司」「同僚もしくは部下」の各属性毎に平均点として示され、バラツキも表示されます。また、世間一般的な得点データも示され、比較もできます。そのサーベイ結果をもとに、自分は周囲から、どのように受け止められているのか？　そして、自分の回答結果とのギャップを知ることになります。

そのギャップや重なりを手掛かりに、日常の自身の行動を記述していきます。加えて、その要因となる内面的特徴についても自分なりに考察します。

研修では、この各個人のサーベイ結果と考察をもとに、それぞれがフィードバックし合い、自己概念が揺らぎ、葛藤が生まれ、自己概念を再構成し、今後の行動変容計画を作成して終了になります。この2泊3日の研修でも、相当気持ち的に揺さぶりをかけられ、気づきもあるのですが、僕は、この研修から帰った後の職場フィードバックミーティングが最も重要だと感じていました。

職場フィードバックミーティングの内容は、研修受講者はサーベイ回答のお礼と共に、サーベイ結果そのものと、それをどう受け止め、自分の行動をどう変えていこうと考えているかを発表し、サーベイを回答したグループメンバーから更にアドバイスをもらい、認識を深めます。結果、行動変容への動機付けとその定着を目的としますが、これが強烈な体験なのです。あるメンバーは、新人にとってはイニシエーションとも言っていました。

RODをもじってムチですか？　と言っていた人もいました。

職場フィードバックミーティングの目的は、本人の行動変容と定着なので、職場メンバーの認知と自己認知が揃うまで終らないのです。本人と職場メンバーが行動変容可能性を感じられるかがカギなのです。職場フィードバックミーティングは、1回1・5時間から2時間ですが、1回で終わらなければ、2回、3回と続きます。新人が受講者の場合は、本当に辛いでしょう。表面的な自己像を壊させるからです。

例えば、職場フィードバックミーティングの会話はこんな感じです。

本人「この項目が同僚得点理由は、日常こういう行動をしているからだと考えました。例えば、・・・・・」

「そして、その要因は、周囲の先輩方に対して遠慮というか引け目を感じているからだと考えました」

先輩A「う〜ん。そこ俺も低く回答したけど、もっと他にも色んな行動に現れてると思うけど、それだけやと思っている?」

新人「そ、そうですね・・・・例えば、こんな事でしょうか?・・・」

先輩B「う〜ん、まあそれもあるけど、こんな事もあったよな?自分では気付いてない?」

と、合宿とはうって変わって、職場で他者が受け取った事実を直接フィードバックし続けられます。まず、そこを受け止めるのが、大変です。自己防衛が発動されます。本人は、

「そんなことも思ってたんだ・・・」と感じはじめます。

先輩からのフィードバックも大変ですが、受講者本人が、職場マネジャーの場合は、部下からの想像を超えたフィードバックもあり、強く気持ちは揺さぶられます。職場のリーダーですから、そう簡単に動揺しているところは見せることができないです。私も何回か経験しましたが、「聞く」姿勢で臨んだとしても、次第に、我慢できなくなる瞬間が訪れます。

「そんなん、言ってくれよ」って、身体が強張ったり、脱力したりします。

行動について、ひとしきり出揃ったら、今度は、行動の要因、特に内面的なことに突っ込まれます

先輩A「さっき、職場の同僚に対して、遠慮とか、引け目を感じてるって言ったけど、それってなんでだろう?」

先輩B「そうだよな? なんか、そう感じるのって、なんか寂しいな。なんで?」

このように、立て続けに突っ込まれて、自分を解放して、オープンに自分の本音を言っても大丈夫なのか? 本音を言ったら、先輩との関係は壊れやしないか? と葛藤しながら、徐々にですが、心を開いていきます。重要なのは、本人の心理的事実を、まず受け止めることです。そこがないと研修参加者本人にとって、安心の場が作られず、自己開示が

進まず、自己概念の再構成へ動機づけられません。結果、行動変容へのジャンプが起こりにくくなります。

そして、自己概念が再構成された後、現実的な行動目標の設定となります。本人は、サーベイ以外にも、職場メンバーからの期待コメントもあるので、それも参考にしながら、目標設定します。

よくあるコメントとしては、「正解探しはやめて、顧客にもっと向かって欲しい、そうすればもっと力が発揮されるはず!」「もっと、感情を出しても良いんじゃないか? 自分の気持ちを大切に、仕事を作ったほうが、お前らしい仕事ができる」等、本人への期待が寄せられます。

それに基づき、行動目標設定を行い、また、先輩から、「まだ、こじんまりしてるな」とか「う~ん。それってまた正解探しになってない?」とか言われながら、一緒に目標を作ります。

ここで、相互に期待し合う体験をすることが出来ます。

また、職場フィードバックミーティングの面白いところは、違う展開になる場合もあるからです。フィードバックの相手が、同僚同士になってくるのです。例えば、

先輩C「ん? 寂しいのは、お前が思ってることやろ。まず、本人が、なんでそう感じ

てるか？　聞こう」

先輩B「ん？　思っていること言ってもええやん。ここは、そういう場やろ？　お前のそういう、ルール通り進めようとするところは、いつもどうかと思うわ。みんなそう思わへん？」

先輩C「別にそう思わないけど、お前はそう思ってたの？」

という具合に、研修参加者へのフィードバックを通じて、他の職場のメンバー間のフィードバックが起きる場合もあり、参加者の中でも心が揺らぎ、更なる職場活性化のきっかけにもなります。こういう場が起点となって、日常でもフィードバックが起きやすい関係が築かれます。

また、こうした本人以外の直接のやりとりがなく、本人の心理的事実を中心に対話が進んだとしても、その事実に職場メンバーが、影響を与えていることは間違いないので、本人にフィードバックすることは、自分や職場に対する認知を前提に話をするので、自らにフィードバックしている状態にもなるのです。

その結果、職場の平穏な状態が揺さぶられ、参加者本人の課題が、自分達グループの課題と気づきます。職場の誰かが、課題を引き受け、リーダーシップを発揮し、職場運営を改善していくことも、しばしばありました。それも狙いの一つです。

また、これらを良い方向に導く為には、場の設定が大切です。

「あくまで、本人の成長の為にやっていること」

「フィードバックは、本人の自問自答を促すもの」

「感じたままを表に出してみること」

「皆、それぞれの意見を一旦、受け止めること」

「行動変容は、強制されたものではなく、あくまで自己選択によるもの」

でなければなりません。

こういった前提を理解しておかないと。言いたいことを言うだけの場になってしまいます。集団いじめです。それでは組織の活性化どころか、崩壊研修になってしまいます。

私も、3回研修を受けました。その度に自己発見が多かったと思います。特に、マネジャーになって、兼務組織も多く、自分ではもうどうしようもないと思っていた時です。自分の弱みや悩みをさらけ出して、グループメンバーに、受け止めてもらった経験は大きかったです。弱音を言った後、「そう言ってくれてありがとう」と言われました。

その時は、その意味が分かりませんでしたが、体から強張りが無くなったと思います。

でも、その後「中途半端なんだよ」とも言われました。同じ言葉を何回も自分で感じた事がありましたが、その時の言葉は、今も心に突き刺さって、自分を奮い立たせてくれています。

もちろん、その時も安心して行動を変えようと思うこと事が出来ました。それは、あの場の参加メンバーが自分を受け止めてくれたからに他ならないと思うからです

個人の意思と仕事をつなげる

Will-Can-Must 面談：目標設定面談です。半期に1回行うレビューとして、中間に1回、期末に1回、合計2回行います。リクルートグループのホームページにも載っているので、ご存知の方もいらっしゃると思いますが、業績評価の目標設定シートを、Will-Can-Mustシートと呼び、シートの特徴としては、業績評価項目とその基準を設定する前提として、本人のキャリアイメージ（自社内でのキャリアに限らない）と、本人の求められる役割として、出来ていること、出来ていないこと、それと、職務でやらなければいけないことを整理します。その上で、ミッションと評価項目とそのゴール基準を設定することによって、ミッションを本人のキャリア開発と結びつけるのです。

ですから、オフィシャルな場で、半期に1回は、「自分で近い将来はこうなりたいです」と語る機会があります。マネジャーはまず、それを理解、尊重した上で、目標設定をする義務があります。

人事制度マニュアル以外にも、その重要さを共有するための冊子を作っているぐらいです。

マネジャーは、メンバーの意思を現実的な形にするサポートをしたり、時に、理由をしっかりと聞いた上で、もっと高い目標を設定したり、背景を聞き、ちょっと違うんじゃないか？　という疑問を呈したり、本人を尊重しながら、期待を明確に伝える機会なのです。

ですから、単なる目標設定面談ではありません。メンバーに対して、ＭＵＳＴである職務にひもづく会話ばかりしていると、「前のマネジャーと違って、仕事の事ばっかり言うマネジャー」とか、「今度のマネジャーは、私に対して、人としての期待がないわ。信用できるんかな？」と陰口を言われて、恥ずかしい目にあいます。

この面談は、メンバーにとって半期の業務評価項目が決まると共に、成長のためにどのようなミッションに取り組み、どのような力をつけるか？　を決め、マネジャーは、メンバーから見て、「自分のどんなところ（個性や経験）を見て、自分にどんな期待をしているのか?」を試されている場でもあるのです。

役職を超えて、「人」として平等を把握する

個人が生かされるためには、「機能」ではなく、「人」として、尊重し向き合わなければならないことは、再三お話ししている通りですが、ついつい「機能」として扱ってしまう誘惑にいつもかられます。前述のような、職場で「人」を知り、向き合う体験を継続することは不可欠ですが現場で起こることなので、現場のマネジャーや組織内の関係性に実践や効果は大きく影響を受けることになます。

それが、当初の目的通り実践するように、後押しすることも必要です。そのために、多面観察や従業員満足度調査も行っており、現場での所属組織への認知が経営も含めて、全体で共有できる仕組みと機会があります。そのような仕組みがあることによって、メンバー始め、現場は「自分達の声を聞こうとしている」と思いますし、現場でも無用な権力が発生しないような抑制が効いていると思います。いくらフラットな社風だと言っても、評価権を始め、人事に力を及ぼす上司は、どのような人でもメンバーや職場に、知らず知らずにプレッシャーを与えてしまっています。そのことを前提に、組織運営しなければなりま

せん。

そして、特に従業員満足度調査等では、調査した後は、その結果をグループ全員で共有し、全員で良い組織にしていく為の場を持たなければなりません。調査やサーベイは、結果だけが返されると、数字の得点が一人歩きし、「良し悪し」の解釈に陥りがちになります。着目すべきは、その得点の背景にあるメンバーが認識している事実と感情です。そこを受け止めなければ、組織を生かす為の対話は始まりません。

当事者意識を育む

リクルートグループには、はじめから当事者意識が高いメンバーも多いです。しかし、そのようなメンバーが多かったとしても、組織としてビジョンを掲げ、個人にとって非常に難易度が高く、挑戦的な、ミッションを目の前にした時はどうでしょうか？

ありがたいことに、リクルートグループでは、いつも経営が、大きな挑戦の機会を作ってくれます。もちろん経営だけでなく、お客様からも大きな期待を頂けます。私もメンバー時代に、そのような時には挑戦できる嬉しさと、本当にできるのか？ という不安と、ど

■図④当事者意識を育む組織風土を生む施策・習慣

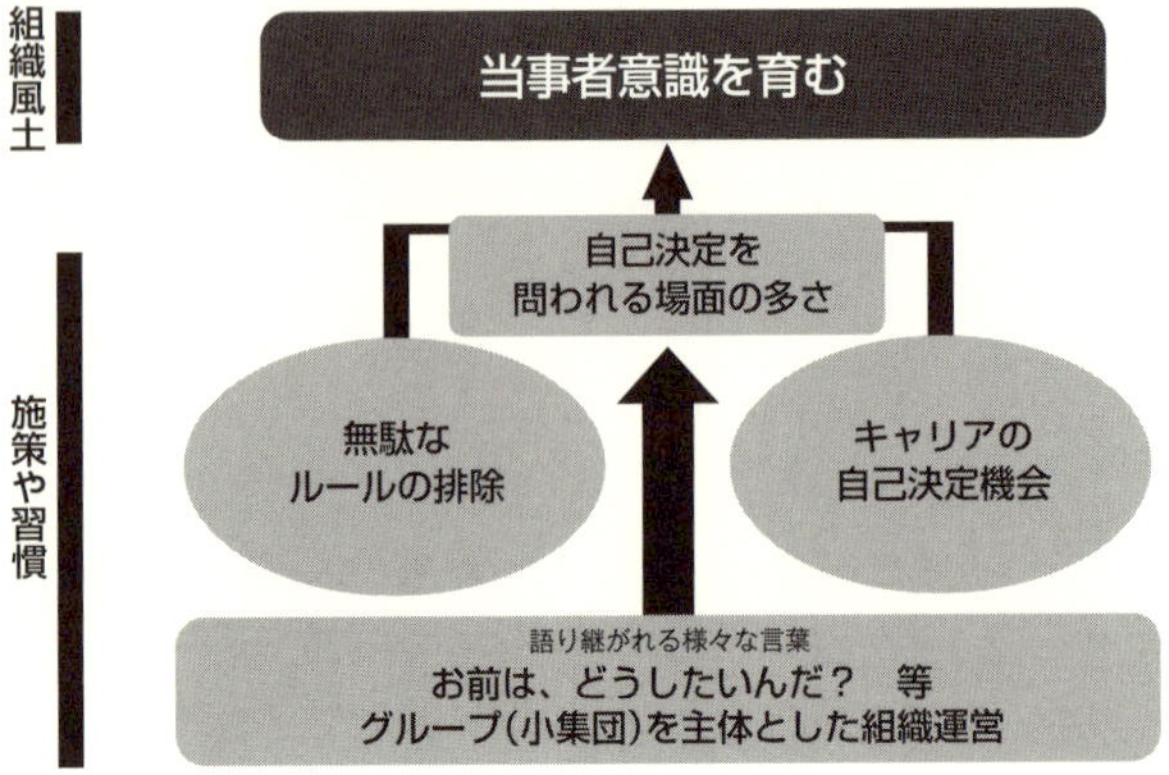

こまでも、挑戦させてくれる会社への苦笑いまじりの感謝の感情と、とはいえ、時には、こんな事本当にやるのか？　と会社への疑い等の、様々な感情が沸き起こったことを覚えています。

そして、その感情が揺れ動く迷いの中で、「やるしかない」と自分の心の中で決めることが出来ていたと思います。その時に大きな手助けをしてくれたのは、周囲の仲間や組織風土だったと思います。

それらの組織風土や文化に、影響を与えていたと考えられることをお話ししたいと思います。（図④参照）

語り継がれる様々な言葉

リクルートグループには、様ざまな語り継がれる言葉があります。その中でも、「お前はどうしたいんだ?」は、当事者意識を育む上で重要な言葉です。マネジャーがメンバーに言う時もあれば、先輩が後輩に言う時もあります。時には、メンバーが上司に言うこともあります。そして、パートナーの皆様やお客様にもです。それくらい浸透しています。

それは、相手の意見を尊重しようという姿勢が表れていたと思いますし、この言葉を使うことによって、相手を尊重する機会を作ることが出来ていたと感じています。

そして、リクルートグループで、全社員が当事者意識を持つことを重要だと考えた時に、一番の象徴的な場面は、上司であるマネジャーが部下であるメンバーに、「お前はどうしたいんだ?」と伝える場面です。

何故、象徴的かというと、「決定」をメンバーに委ねていることです。もちろん、すべての決定をメンバーに任せるわけではありません。本人のミッションに関することは、できる限り本人に委ねます。ここでの「自分で決定した」という気持ちのプロセスと瞬間が、「当事者意識を育む」ことに、大きな影響を与えていたと思います。

そして、この「お前はどうしたいんだ?」と会話される時は、大きく2パターンあったと思います。

一つ目は、メンバーが「行動を起こすかどうか？」という選択に迷って相談しに来ている時です。挑戦しようかどうか、迷っている場合、やるかやらないか？ 迷っている場合、引き受けるかどうか？ 迷っている場合です。「僕は、この案件に関して、こうしたいと考えています」と聞いてくる場面です。

そういう場合は、メンバーは、迷いながらも、大体決めていることが多いので、「じゃあ、お前が考えているようにやれ」との会話になり、メンバーの背中を押し、メンバーを飛び込ませます。その瞬間に当事者意識が育まれます。メンバー時代の私は、勢いだけのことが多かったので、「本当に、やりたい？」と突っ込まれることが多かったように思います。

承認したマネジャーは、この案件について責任を持たなければいけませんが、この場面では、理由等を細かく聞かないことが大切です。本人は、細かく聞かれないほど不安も感じますが、任された感覚が大きくなります。責任感を持ち、心の葛藤を通じて、当事者意識が強くなっていく場面を見てきましたし、私もそのような上司の言葉に接し、「ええ加減やな～、あの人大丈夫か？」と思いつつ、沢山の案件に、結果的に挑戦することができたと思います。

そして、結果的に「自分」を信じてくれたと感じ、自分への期待も感じることで、全力で取り組もうと思えたと感心しています。

そして、全力で当事者意識を持って様々な挑戦をするからこそ、成功や多くの失敗体験からの学びも深くなっていったのだと思います。

二つ目は、メンバー自身が判断する上で、考えをまとめきれていない時です。「A案とB案のどちらかで、迷っています・・・」等と相談してくる場合です。その時にいきなり、それぞれの選択についてのメリット、デメリットの整理をせずに、「そもそも、お前はどうしたいんだっけ?」と会話がなされます。前のパターンの「覚悟を問われる」というよりも、目的を改めて確認するための「お前は、何がしたいんだ?」になります。

目的が、曖昧になると、エネルギーを集中することは出来ないと思います。手法や施策を実施することだけに意識をとられ仕事を続けると、困難な壁にぶち当たった時にやらされ感が湧いてきます。そうすると、壁を突破する時の当事者意識や責任感は醸成されないことが多い。

ですから、「A案とB案のどちらかで迷っています・・・」というような、メンバーの相談内容に、マネジャーは、「甘え」の匂いを嗅ぎとり、「そもそもお前は何がしたいのか?」と、課題解決場面の主人公として連れ戻すのです。

私もメンバー時代、このような判断が出来ないし、したくない場面が沢山ありました。しかし、マネジャーが捕まえて、仕事の舞台に連れ戻してくれたからこそ、当事者意識を持って頑張れたと思いますし、自分の気持ちを上司は受け止めてくれているとの安心感にも繋がりました。

その他の言葉で代表的なのが、「お前なら出来る」です。私もマネジャーだった頃、メンバーによく使いましたし、先輩や上司にもよく言われました。私の感覚だと、リクルート内の「お前なら出来る」という言葉の使い方や感覚は、とても軽く、無責任な感じがしていました。

親や先生から言われた、「お前なら出来る」と全然違うのです。説得力がまるでないのです。リクルート内で、そう言われた時には、安心感よりも不安感の方が大きかったと思います。

マネジャーになってから、なんとなく分かったのですが、「お前なら出来る」というよりも「頼んだよ、なんとか、頼りにしてるよ～」とのお願いに近かったと思うのです。しかし、その言葉をそのまま使ってしまうと、「俺がギリギリで、頼って申し訳ない、できなくても最悪仕方ない」と、そのミッションの主人は、上司である私になってしまい、メンバーにとっては頼まれごとになります。「お前なら出来る」というのは、裏を返せば「できなかったら、お前が全力でやらなかったから」というニュアンスも相手は感じてしまいます。そこで、「お前に、期待している。出来るかどうかはお前次第だよ」と、選択権を本人に委ねる意図で使っていたと思います。とてもずるい言葉です。

しかし、リクルートグループの人達は、同じ内容のことを伝える時も、いかに人を動機づけるかを意識して言葉選びをしていたのだと思います。それが脈々と受け継がれているところは、その言葉を使った方が、気持ちよく仕事が出来ると実感値として、体験しているからだと思いました。

「自ら機会を作り出し、機会によって自らを変えよ」という言葉にも触れておきたいと思います。触れておきたいという表現をしたのは、リクルートグループの中に浸透しすぎていて、この言葉について、ああだこうだお話するのが恐れ多いからです。この言葉はリクルート事件後、社訓としては捨てられましたが、私が入社した1995年当時も、多くの先輩のデスクの上に、金属のプレートに刻まれ置かれていました。リクルートの人間は、それ程この言葉に魅了されていたのだと思います。もちろん、私もその一人です。

私は、こう解釈しました。「会社に甘えるな。お前がやりたいことあるんだったら、お前が手を上げてやれ。お前の人生お前次第だ」。お前は、お前の人生の当事者だと告げられていると思いました。

従って、こう解釈もできます。「お前の意思を尊重する」と。仕事は人生の一部だから、自分の人生に当事者意識を持って、仕事に当たれと受け止めました。少し飛躍しすぎかもしれませんが、私にはそう感じたのです。

しかし、この言葉が刻まれたプレートを見た時の衝撃と感動というか、心のざわめきは、今でも覚えています。会社で働くイメージとしては、「あれしなさい、これしなさい、あれはするな、これはするな」という命令・指示ばかりだと思っていましたから目を疑いました。

大先輩も含めた、多くのリクルートグループメンバーにとって、この言葉について、人それぞれの解釈があり、それぞれの胸に突き刺さっているのだと思います。だからこそ、多くの社員がデスクの上にプレートを飾っていたのでしょう。多くのメンバーがこの言葉から受けとった衝撃も、「当事者意識を育む」上で無視できないと思います。

皆さんの会社では、社訓はどのように扱われていますか？

しかし、昔の社訓が刻まれたプレートが社員の机の上にある会社って、どれ程あるのでしょうか？

番外編としては、「いつ辞めるの？」という会話が、社内で明るく語られていたことも、「当事者意識を育む」きっかけになっていたと思います。それは、そこで語られていることは、「私は、今この会社いるけど、辞めることも選択肢としてある」という気持ちの表れだと思います。簡単に言うと「嫌なら辞めればいい」「今、私は選択してこの会社にいる」ということだと思います。

期間の定めのある雇用契約や、選択型早期定年退職制度の存在も背景にあると思いますが、働く個人が、辞める選択肢を持っている、言い換えると、「会社を選ぶ権利」を持っていることを意識していることも、一人ひとりが、日常の仕事へ「当事者意識を持つ」ことに影響していたのではないかと思います。

グループ（小集団単位）単位を主体とした組織運営で当事者意識を高める

リクルートグループの多くは、グループ単位に組織運営方法の決定が委ねられていたと思います。もちろん、人事制度やシステムや経理・会計等、全社で統一されていましたが、日々の職場運営は、小集団のグループに任されていました。その方が、全員が決定に参加できるからです。そして、目標数字やグループ運営、例えば、会議やプロジェクト等を、グループ全員で決めていたことが、「当事者意識を育む」機会の一つだったと感じています。マネジャーが一人で決定し、メンバーに指示する方が、「時間」や「全員の工数」という観点で見た場合は効率的かもしれません。しかし、一人ひとりの「当事者意識を育む」ことを大切にしたリクルートグループの多くでは、グループの組織運営の決定にエネルギーと時間を使っていたと思います。

例えば、営業の目標設定です。「ノルマ」と世間的に言われる場合もありますが、そう言われる場合には、遂行するメンバーの「受け身」の状態が透けて見えますが、目標には自分で決める「主体性」のニュアンスが含まれます。ですから、みんなで決めるのです。

具体的にはこうです。営業の場合、営業グループごとに、目標数字が決定されます。もちろん、マネジャーは、その数値の部内での決定プロセスに参加してコミットしています。そのグループの目標数字を前提として、グループメンバー内で分配することになります。議論する上で、前年実績や等級（職階）を考慮した原案は、マネジャーから提出されます。その上で、顧客状況等の外部環境が、一人ひとりから共有され、どう分配するかで、グループ全体の目標達成及びメンバー全員が達成できるか？　を議論します。

初めて参加した時は驚きました。メンバー全員が、マイナスの情報、プラスの情報を出し合い、その結果、全員の目標額を足しても、グループ数字に達しなかった時です。当時はゼロワンというチームリーダー（マネジャー補佐みたいなもの）が、「じゃあ、残りの数字、俺が、全部持つわ！」と言い放ったのです。その金額は、サービス単価から考えても簡単な数字ではありません。格好良すぎます。他メンバーは、申し訳なさそうにチームリーダーを見ます。会議室は少し沈黙します。そうすると他メンバーが、「そんなに、持って頂くのは、申し訳ないので、少しですが、これぐらい持たせてください」と続きます。チームリーダーの当事者意識が、他メンバーにも伝播したのです。そうやって決まることによって、「ノルマ」になりがちな数字は、主体的な「目標」へとメンバーの心と頭の中で置きかえられるのです。

この例でお話したように、グループ全員が決定に参加し納得することが大切です。何故なら、個人にとって目標達成は、評価に直接反映され、報酬にも大きく反映されます。そして、その評価の公平性はモチベーションに大きく影響します。客観的に公平というよりも、皆が公平だと思い納得することが大切です。そうでないと、グループ間の協力関係に影響がありますし、そうすると、お互いを尊重し、個性の可能性に期待する気持ちや意識が弱くなるからです。

また、グループ目標達成にコミットしようと思ってしまう仕掛けもあります。一つは、インセンティブ制度です。グループで達成すると、グループ全員に賞金や旅行等のインセンティブがあります。そして、その対象はいつもグループを支えてくれるスタッフも含まれます。スタッフにもインセンティブが配分できるよう、メンバーは頑張るわけです。また、目標を達成しないと、自分達の給与や賞与が支払われないことをメンバー全員が理解していることも大きな要因だと思います。グループ各社によって違いますが、労働分配率が決まっており、自分達の業績で賞与原資も決まりますから、コミットできるのです。

グループ目標や個人目標への当事者意識に関してお話しましたが、その前提になるのは、グループへの愛着や当事者意識です。個人同士の関係性も大きく影響しますが、目標が決まった後の、戦術やそれを遂行する為の施策も、グループ内で役割分担を行うことによって、グループ運営への当事者意識が育まれます。

戦術は、マネジャーが原案を作る場合もありますが、それをグループ全員のものとするために、「じっくりミーティング」が行なわれます。比較的長い時間の会議です。泊まりの合宿形式で行う場合もあります。それは、グループに配分されている予算の中から捻出されます。その場で戦術が決定され、それをスムーズに実行するための施策を話し合い、役割分担を決め、それぞれが提案し、グループ運営に対しても当事者意識を育んでいきます。ここでも、自分や自分達で決めることが重視されているのです。

また、一般的ではないですが、グループの存在意義をメンバーで話しあうことも効果的でした。「自分達のグループが無くなったら誰が困るんだろう?」と自問するのです。グループの売上だけですと、周囲に多少は影響するでしょうが、なんとか他グループがカバーしてくれることは間違いありません。しかし、担当製品や顧客等、提供価値の影響を検討し続けていると、「自グループは、こうありたい」という議論になることもありました。自分達なりのビジョン・ミッションの策定です。そこで、グループへの当事者意識も強化され、戦術にも反映していくのです。

グループ名を独自に考え決めたこともありました。会社の組織名は、機能を表すことが多いと思います。会社から与えられたものではなく、自分達の呼び名は自分達で決めようと話し合いました。メンバー全員からグループ名を募り、その理由をプレゼンテーションして決めていくのです。重要なのは、チーム名だけでなく、そこに込められている思いです。そこに、メンバー個々が思い描く、ありたい姿が反映され、グループへの当事者意識が高まりました。「太陽マン頑ズ」というふざけたグループ名をつけた時もありました。それを、事業部内での戦略発表や、会議、情報共有DB等のオフィシャルな場で使用しても、文句が言われない懐が深い組織風土があったのは幸運でしたが、自分たちで決めた組織名称を積極的に使うことによって、他組織からも様々なフィードバックがいただけますから、グループメンバーは組織への参加意識が高くなりました。そして、それぞれのグループ内の役割について、当事者意識が高まって行きました。結果、グループ全員のエネルギーがドクドク湧き出し、組織内で良い影響を与え合い、ミッション達成に向かってグループが一丸となりました。素晴らしい体験でした。

無駄なルールで、当事者意識を失わせない

「当事者意識を育む」ために自己決定性が重要と、しつこくお伝えしています。逆に、自分でコントロールできない部分が多いと、当事者意識は低下し、他責の感情が芽生え、大きくなります。私がリクルートグループで働いた経験だと、そのような邪魔をするルールは無かったか、もしくは、メンバーに権限委譲されていました。

例えば、部門との協働です。それぞれの上司に承認を得ることなく始まります。当然、

会議の場などで、その後共有することになりますが、決済を取る必要はありません。また、上司のスケジュールも、とりあえずメンバーの判断で押さえます。スケジューラーで上司のスケジュールが空いていたら、承認をもらう前に、まず、スケジュールを押さえます。その際、目的やお願いした最低限のことは依頼事項として添えます。上司が不必要と判断したら、否認されます。そのような判断の積み重ねで、どのような事について報告が必要なのか、全員の基準が揃って行きます。

加えて、メンバーが直属の上司ではなく、上司のさらに上司や、場合によっては、直接社長に連絡、相談しても、直属上司に咎められることもありません。その場合は、直属の上司についてメンバーが個人的に信頼していないか？　緊急を要し、大きな権限を持っている役職の判断を仰ぐケースだと考えられますが、前者の場合は、その後直属の上司がメンバーと解決すれば良い問題だとみなされます。あくまで、仕事が優先です。

このように、日常の行動についても、顧客接点や現場の最前線のメンバーが自分でできる限りコントロールしやすい状況も、当事者意識を育む大切な要素だと思います。

この環境は、マネジャーやリーダーにとっても良い刺激になります。何故なら、ポジションに安住するだけでは、良い影響力を発揮できないことを肌身で感じるからです。メンバーは、顧客や組織にとって、マネジャーやリーダーが良い影響力を発揮し、頼りになる場合にしか相談しません。ですから、マネジャーは、自分がメンバーに対してどう影響力を発揮すべきか考えざるを得ない環境となります。マネジャーにとっても自組織の状況に応じた当事者意識から発露する、リーダーシップの在り方を考えるきっかけになることは間違いありません。

その他、異動に関する自己申告制度があります。他事業部に希望する場合ですが、上長の承認なしで希望部署の組織長が承認すれば、異動が可能です。自分の能力を発揮するためのステージとして、他組織が良ければその選択肢も本人の意思が最大限尊重されます。ですから、逆に言うと、異動しなければ、その置かれている環境を選択したことになりますから、そこで腹を括るしかありません。

効力感を持たせる

前述しましたが、簡単に言うと、メンバーが、「自分は出来る」と感じることです。それによって、モチベーションは高まります。当事者意識を持っているメンバーの活動をさ

■図⑤効力感を感じさせる組織風土を育む施策

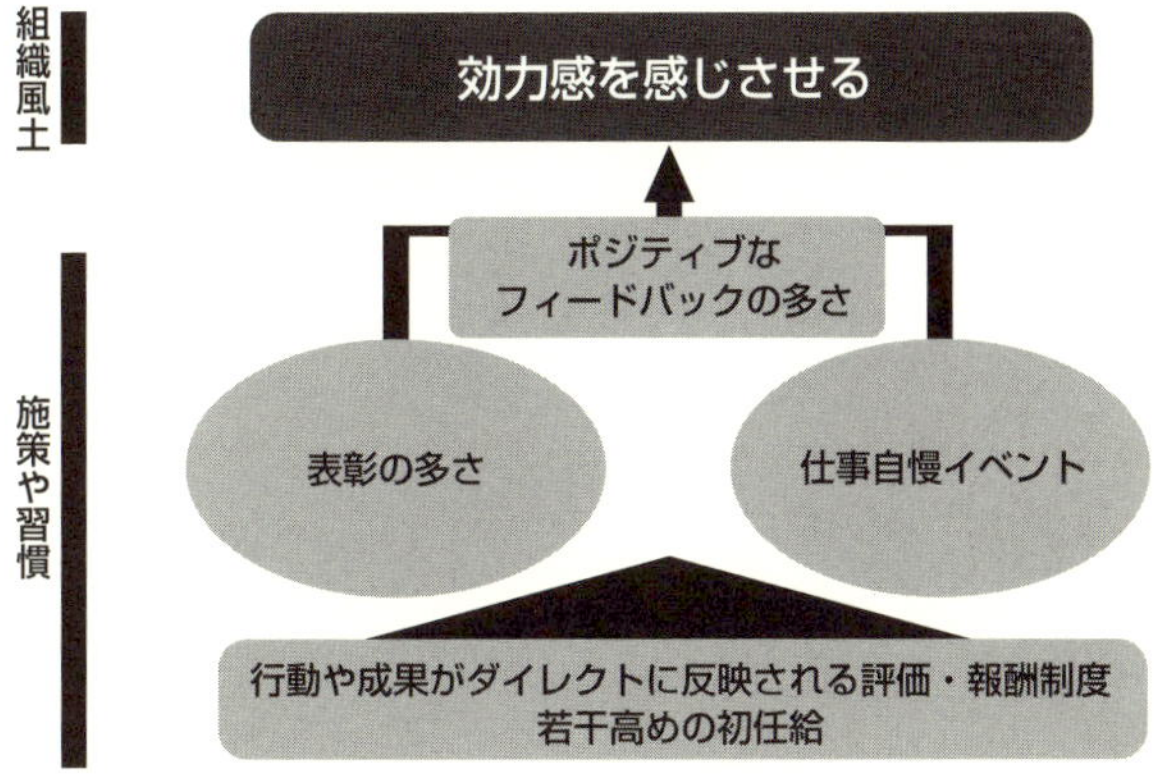

らに加速させる効果があると思います。自分で感じることが大切ですが、他者からの承認によって、その感覚は高まります。その機会を作るのが、リクルートグループはとても上手かったと思います。（図⑤参照）

全員参加の仕事自慢イベント

成果発表大会や、アワード等、名称は違いますが、個人やプロジェクトで行った仕事の成果を、定期的に発表し合います。全社を挙げてのイベントで、優秀者は全社員の前でプレゼンテーションを行い、表彰され、賞金も獲得し、周囲から称賛もされます。表彰されたメンバーは、そこで、自己効力感を感じることは間違いないでしょう。

一方、それまでのプロセスに全員が、自己効力感を感じる機会があることがポイントだと思います。各部門によって、詳細プロセスは違いますが、第一のポイントは、全員提出が必須ということです。それによって、自分の一定期間における成果を眺め、努力したことや、出来るようになった事を振り返る事ができます。その予選段階から各自の発表に対して、グループの同僚や、場合によっては他部署のマネジャーからコメントが寄せられます。自分の行動事実に対して、ねぎらいの言葉や、努力への感謝、工夫への称賛のコメントにより、自分の努力に誇りを持ち、さらなる努力への動機付けになるでしょう。

また、お話したような成果を伴う発表だけでなく、普段の工夫や経験を社内システム上で、発表し合う仕組みを部門内で運用するケースも多くあります。

そこでも、ナレッジとして、発表されるだけでなく、同じ組織のメンバーから「役立った！」等感謝のコメントが書き込まれるなど、上司や先輩がその共有されたナレッジに対する考察や、活用法を解説します。そうすることによって、発表したメンバーは、効力感を高め、継続的に発表することでモチベーションが保たれ、「感謝される」「効力感を持つ」のサイクルが回り続けます。

表彰が多い

表彰機会は多いです。月間、四半期、半期、通期のMVPもいますし、部内や事業部内でも表彰されます。その他ナレッジ賞や努力賞を含め、様々な表彰があり、全員が主役になるチャンスがあります。その度に、受賞者は効力感を高め、モチベーションを高めることが出来ます。非常に効率的、効果的で、負荷がかからない取り組みです。より多くのメンバーに、オフィシャルにスポットライトが当たることによって、健全な競争心も生まれますし、褒められるポイントが共有されますから、モチベーションの方向づけや、求める期待の大きさも伝わります。

表彰制度以外にも、職場では「おめでとう！」「すごい！」という言葉が日常飛び交います。それと同時に握手をして相手をたたえることも多いです。

上司や同僚が、自席まで歩いてきてくれて、声をかけられ、握手を求められる体験は、何回あっても嬉しいですね。

お客様からお取引を頂いたり、プロジェクトが完遂したり、日常の成果もお互いに、認め合い、讃え合うことの連続も、効力感を保てる一つの要素だと思います。

効力感のベースを規定する人事制度

人事制度も効力感を高める装置として役に立っています。そして、それは何について、効力感を感じて欲しいかというメッセージでもあります。こういうポイントで、褒める（評価する）から、「そのポイントで効力感を支えるよ」、というメッセージを送ることになります。

リクルートグループの多くの人事制度は、特に特別なものはないと思います。その制度と、その設計思想に基づいた運用を通じて、メッセージを伝えています。具体的には、こうです。仕事や役割の大きさ、及び難易度を基準としたグレード等級制度をベースにしています。等級の段階は細かく設定されていません。その等級をベースに、毎月の報酬と、賞与の基準額が決まります。金額はグレードにつき1段階のみです。したがって、毎年徐々に、給与が上がっていくことはありません。

これは、「細かい能力や知識の違い、経験年数にはこだわるな。だいたいの役割期待でベースの賃金を決める」と私は受け取っていました。逆に、毎年、年次や勤続年数によって賃金が上がる制度や、グレード（等級）内が細かく区分されている場合は、「長く勤めることが大事です」とか「同じ役割でも、能力や難易度の差も見るよ、そういう違いも大事」とメッセージを発信することになるのです。

賞与においても、個人の業績評価が大きく反映され差がつきます。そして、賞与は、全社業績によって原資が決まります。「成果を出そう。そして、それを全社の成果につなげよう、それを皆で分け合おう」と私は受け取っていました。

そして、これだけ成果にフォーカスを当てていますから、「成果とは何？」ということがとても重要になります。ですから、マネジャーは、成果をより具体的で、できる限り計測可能でデジタルな表現ができることが求められました。それが出来ないマネジャーが運用すると、制度の効果がなくなります。もちろん、メンバーからも認められません。

上位グレードへの昇格についても、年齢モデルはあっても、実際の運用場面では、勤続年数や滞留年数は関係ありません。この制度では、極論すると「成果を出してね。より大きなチャンスが訪れるよ」と言っているわけです。結果、個人の中の効力感についても、「成果」に意識が向けられていたと思います。

また、上手だなと思うのは、初任給が一般水準に比べて高いことです。これも、「お前らはできる。優秀だ！」というメッセージを新入社員が受け取り、自己効力感のベースにもなっていたと思います。

仕事の意義を感じさせる

仕事の意義を感じることが、モチベーションを高め、辛い時の心の支えになっていることは、議論の余地はないと思います。それが、自己効力感を高めたり、当事者意識を高めたりするきっかけにもなります。それがないと、その仕事を長く続けることも出来ません。日常、お客様や関係者とのやりとりの中で、感謝されることによって、それを感じることが基本だと思いますが、より仕事の価値を高めたり、挑戦的な取り組みをすることによって、「より多くの、より大きな、より深いありがとう」をお客様から頂き、モチベーションを高める為の仕掛けもあったと思います。それをご紹介したいと思います。（図⑥参照）

仕事とビジョン・ミッションをつなげリードする

ここでは、ビジョンを「目指したい未来」、ミッションを「自分達が果たす社会的使命」と置きます。それらを明文化し、日常業務とつなげることで、仕事の意義を感じる機会を提供していたと思います。明文化することは、あくまで前提条件です。日常業務とつなげ

■図⑥社会的意義を感じさせる組織風土を育む施策

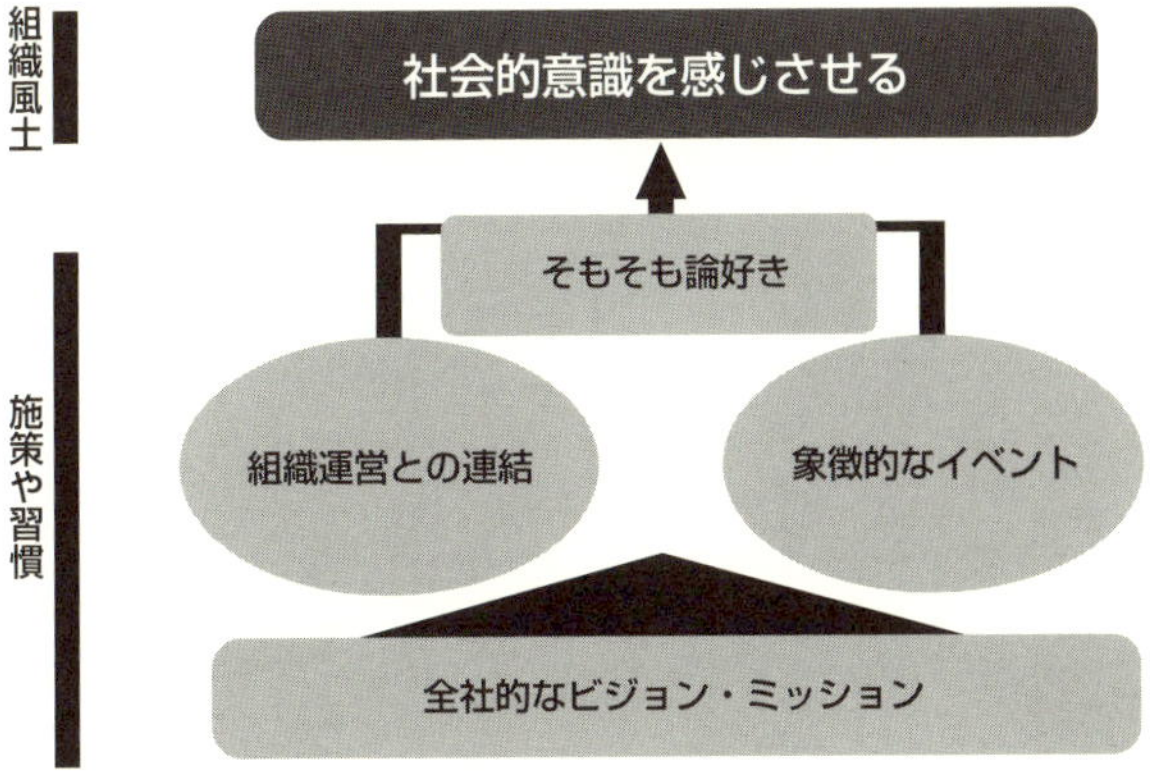

なければ全く効力を無くします。

具体的には、ビジョン・ミッションが新しく制定され、発表された時、全社、各グループでワークショップが行われました。ビジョンに照らした時に、今現在、各個人が担っている役割の中で、何が実現出来たら良いのか？　を2時間程度フリーディスカッションしました。ホワイトボードにそれぞれの意見を表出化します。そこで、グループ内での対話も後押しし、各個人の中でビジョン・ミッションへの理解を深め、仕事の意義を感じ、ミッションへの動機付けがなされるのです。

また、ビジョン・ミッションを審査基準にした、成果発表プレゼンテーションイベントも行われていました。アワード形式で全員が予選に参加し、自分の仕事とビジョン・ミッションとのつながりを再認識します。丸一日かけた全社イベントでは、部門内予選を勝ち抜き選ばれた、少数のプレゼンテーションを共有します。イベントの最後には、ビジョン・ミッションの意味を反映した審査基準に則り、全員で投票を行います。そうすることで自分達の仕事の可能性と意義の大きさを再認識します。このイベントを通じて、個々人がもっと意義のある仕事をしたいと感じ、動機づけられていたことも確かだと思います。

「そもそも」という言葉の効用

職場では、「そもそも」という言葉が、よく使われていました。この言葉の語感をみんな気に入っているだけなのか？　と思っていました。

「そもそも、この提案の価値って何？」

「そもそも、お客様の目的って何？」

「そもそも、俺ら何したかったんだっけ？」

やたらと使われます。しかし、大きな効用がある事に気付きました。多くの場合は、目的に立ち返ることを意味していたと思います。そうすることで、仕事内容を見直したり、提案内容を見直したり、議論内容を見直したりするわけです。

この言葉を使うことによって、常に仕事の意義を確認する習慣づけが出来ていたと思います。この言葉が出て、議論がゼロベースになったり、仕事がやり直しになるケースも多々ありましたが、そういう経験を通じて、鍛えられ、自ら動機づける習慣も身についたと思います。

第5章

全員がエネルギーを
発揮できる
組織風土を作りましょう

これまで、リクルートグループがどうやって、組織内の個人の力を最大限発揮させ続けたかを、私の体験を通じてお話しさせて頂きました。それは、そもそも組織を構成している個人の強さもありますが、それ以上に組織運営にポイントがあることは、ご理解頂いた通りです。

そのポイントは、「当事者意識を芽生えさせ」「効力感を感じさせ」「仕事の意義を感じさせる」「個を生かし、その可能性に相互に期待し合う」組織風土だとしつこくお伝えしました。その結果、エネルギッシュな個人と、高収益の事業体を生み出したことは、皆さんご承知の通りです。

ですから、この組織運営のポイントを皆さんと共有することによって、一人でもエネルギーに満ち溢れた人材が生まれ、今以上に、皆さんの事業の社会への貢献度や影響力が高まることに、お役に立てるのではないかという考えだったのです。

私が、様々な企業様を担当させていただいた感想としては、ルールだけは多いのに組織運営を現場マネジャーの個人力量に頼りすぎていると感じていました。それでは、現場マネジャーが疲弊し、消耗してしまいます。手足を縛っておいて頑張れと言っているような状態です。一定の仕組みやプロセスを導入し、周囲を巻き込むことによって、もっと効果的、効率的に組織運営ができるのではないか？　と感じています。

また、私は、自組織で元気がなかった人材が、エネルギーを取り戻し、再挑戦し、もがき、成長していく姿を幾度となく見ることが出来ました。そのような個人が組織にいることで、とても勇気をもらうことが出来ました。周りにも、前向きな影響を与えます。そして、そのような現象が起こる場所は、信頼や安心や前向きな感情で溢れています。関係者それぞれが「個」を尊重し、期待しあい、その関係があるからこそ、より豊かな未来を感じることができると思います。

とはいえ、今日の経営環境のような競争が激しい中で、そのような場面に出会うことは滅多にないとお感じになるでしょう。私もそうでした、特に自分がマネジメントの役割を担うようになってからしばらくはそうでした。自組織の業績が心と頭の大部分を占め、自分の基準でモノゴトを判断し、自分の思い通りに動き、結果を残してくれるメンバーを可愛がり、それ以外を否定していました。頭では、メンバーのモチベーションが大事だと理解しつつも、そこは表面的に機嫌をとり、ゴマかし、最終的には、メンバーを機械や部品のように扱い、私が思った通り動かないと、安心できませんでした。面談など対話すべき場面でも、いつの間にか説得モードになり、メンバーを強制的に動かそうとしていました。

そこそこ業績は残せましたが、メンバーも私も消耗していっている感触から逃れることはできませんでした。管理する誘惑から逃れることが出来なかったのです。マネジメントは、管理することだと思い込んでいたのでしょう。組織マネジメントを全く理解していませんでした。

しかし、あるきっかけで、その管理偏重の思考を手放すことができました。自分の当時のキャパシティを超える組織を任されるようになった時です。それまでのやり方では、仕事が回りませんでした。上司はもちろん、関係者からお叱りを受けることも多くなりました。

初めてメンバーに相談しました。メンバーはそんな私を受け入れてくれて、様々温めていた思いやアイデアを、荒削りながらも伝えてくれました。恥ずかしながら、自分では考えたことがないアイデアでした。今まででしたら細かいところまで指摘し、そのアイデアに乗ることはなかったと思います。他人のアイデアで責任を負う考えがなかったからです。でも、追い詰められていた私は、そのアイデアを受け入れ、組織として実行しました。私がこれまでのマネジメント志向を手放した瞬間です。組織はうまく回り始めました。メンバーが元気を取り戻しました。業績も上向き始めました。私の組織運営に関する下らない低レベルな心理負荷も劇的に下がりました。メンバーをちゃんと「個」として受け入れ始めたからだと思います。健全なプレッシャーは今までと変わらずありましたが…。

もし、皆さんが、現在の組織運営で悩んでいるとしたら、メンバーが思うように動いてくれないと悩んでいるのなら、メンバーのことが信用できないとストレスを抱えているとしたら、一度、私が体験したプロセスを試してみてはいかがでしょうか？　世の中に、マネジメントやチーム運営に関する方法論は溢れています。多くはスキルに偏っていると感じています。そんなの解っているけど、出来ないから悩んでいるんじゃないかと、嘆いていませんか？

私が体験して、確信しているのは、あなただけが頑張るのではなく、あなたがきっかけを作り、関係者と一緒に組織の状態を作っていくことです。

それは、２つの前提条件と７つのSTEPによって構成されていると考えています

《2つの前提条件》

①リーダーが、業績目標や挑戦の意味を自分の言葉で語ることができる

②リーダーが組織メンバーを消耗させていない

■図⑦目標に向けて人の可能性を最大限引き出す組織運営

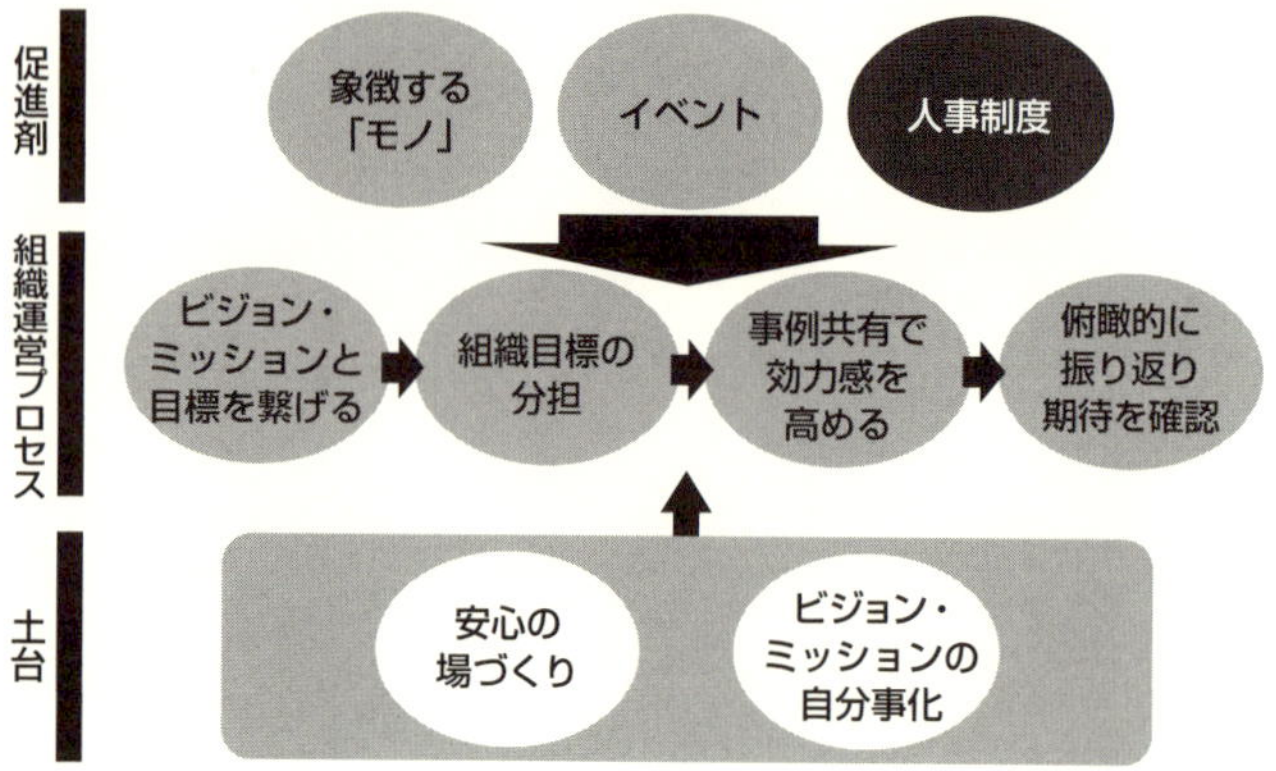

《個人のエネルギーを最大化する組織作りのステップ》

①「個」が受け入れられている安心の場を作る

②組織のビジョン、ミッション、コアバリューを全員で作る、もしくは書き換える

③組織目標とビジョン・ミッションをつなげる

④組織目標を分け合う：組織目標を全員でシェアし、個人の役割と繋げる

⑤実践共有機会を作り、知恵を増殖させ、効力感を高める

⑥「イベント」や「モノ」の力を借りる

⑦組織や個人の在り様を俯瞰的に眺め、自

■図⑧組織運営と組織風土の関係

	個を生かし、相互に期待し合う	当事者意識を育む	効力感を感じさせる	社会的意義を感じさせる
安心の場づくり	○			
ビジョン・ミッションの自分事化		○		
ビジョン・ミッションと目標を繋げる				○
組織目標の分担		○		
実践共有で効力感を高める			○	○
俯瞰的に振り返り期待を確認	○	○		
モノやイベント人事制度	○		○	○

分達に問いかける

この7つ（もしくは、③〜⑦）のステップを繰り返していくことによって、個人がエネルギーを最大限発揮する組織風土を醸成していきます。

（図⑦⑧参照）

それでは、それぞれについて詳しくご紹介します。

2つの前提条件

①リーダーが、業績目標や挑戦の意味を自分の言葉で語ることができる

これは、リーダーが組織メンバーに目標

のイメージとそれに対する本気度を明確に語ることです。今、この本をお読みになっている皆様が経営者であっても、一つのチームのリーダーであっても、エネルギーに満ち溢れた組織を作るためには、あなたが目標や成果に対して、「当事者」であり「本気である」と周囲から認知される必要があります。あなたがそう思っていることも重要ですが、それが伝わっていることが重要なのです。そして、認知されるためには、その達成基準やイメージが明確で、その意味や意義を自分の言葉で語り、理解されることによって、リーダーの本気度が伝わります。そして、その達成や取り組む意義が、メンバーにとって魅力的であればあるほど、エネルギーをメンバー自ら注ぐきっかけを作ることに繋がります。当たり前ですが、リーダーが挑戦していない組織や目標にコミットしていなければ、メンバーが挑戦する気になるはずがありません。

しかし、皆さん周囲を見渡して如何でしょうか？　これは、上位階層から降ろされてきた目標で仕方ない等と説明するリーダーはいませんか？　事実として、そういうことはありますが、前述のような説明をメンバーにしておいて、メンバーが思ったように動いてくれないと嘆くリーダーがいませんか？　そんな言葉を吐くくらいなら、何も言わない方がマシです。財務的な意味合い、非財務的な意味合い両方の説明をすることが必要です。「この目標を達成できなかったら、みんなのボーナスが半減する」とか「ここまで業績がいかないと、同業他社にシェアを奪われ、今後の事業戦略上大打撃を食らう」等、分かりやすいものから、「この技術を、これくらいのお客様に届けて、これで困っているお客様にお役に立ちたいんだ、今の他社のサービスでは、このレベルでしかお客様の期待に応えられない」とか、自分の言葉を論理と感情で伝えることなしに、組織メンバーに、リーダーの目標や挑戦への本気度は伝わりません。

そして、そのような成長や挑戦の環境を醸し出すことが、一部の特別優秀な人材以外の普通の組織メンバーのエネルギーを引き出す前提であり、最低限として、エネルギーを発揮しようとするメンバーの気持ちを邪魔しないために必要なことだと、幾度もその様な場面を経験しました。また、明確に語れないリーダーは、メンバーへの仕事の割り当てもできないでしょう。混乱するだけです。このような場合は、やめてもらうべきだし、経営者の元に、そのような自分の言葉で語れない組織のリーダーが多いと感じるなら、経営者自身とリーダーの関係性を見直すべきでしょう。多くは、その主従の関係性が、個々のリーダーの思考や発言を縛ってはいないか？　見つめ直すべきだと思います。

また、リーダーが自分でそれが出来ていないと感じ、やろうと意欲を持てないなら、周囲の足を引っ張るだけなので、自分の今後の為にも、自ら辞めたほうが良いでしょう。自分も苦しむだけです。

②リーダーが組織メンバーを消耗させていないか？

前述①の延長線上にありますが、組織メンバーのエネルギーを最大化するために、リーダーであるあなたが、「思いや考え」ではなく、現状として、メンバー一人ひとりや、組織という場にどのような影響を与えているのか？　冷静に見つめなおすことが必要です。簡単な確認としては、リーダーが組織メンバーを「消耗」させるタイプなのか、「エネルギーを増幅」させるタイプのどちらに近しいのか？　を今一度認識し、そこを起点に組織に関わらなければ、組織がエネルギー増殖の場として、機能することはありません。

私もメンバーや組織のエネルギーを「増殖」させるタイプであり続けたいと思っていましたが、様々な環境変化の中で、ついつい「消耗」させる影響力を与えてしまっていたことは、前述の通りです。ですから、ずっと今という瞬間を捉え続け、「エネルギーを増幅させる」方向に向かっているか？　リーダーは自問し続ける必要があります。消耗させるリーダーとして、次のような特徴があると言われています。

・専制君主的に、会議やミーティングの場面で、組織メンバーの思考と能力を抑制するような張り詰めた環境を作り出す
・指示においては、自分がいかに物知りであるかをひけらかすように行う
・意思決定においては、前触れなく、文脈の説明なしに、中央集権的な唐突な決定を下して、組織を混乱させる
・実務においても、自ら積極的に関わって成果を上げようとする
・組織設計にしても、優秀で気に入った人材を囲い込み、才能を十分に活用しない

そういったの行動や状況を生み出し、組織メンバーのエネルギーを消耗させています。自分や、リーダーについて思い当たる節はありませんでしょうか？ 状況によっては、当然必要な行動もありますが、メンバーが当事者としてやる気になりそうでしょうか？ これでは、やる気を削ぎ、依存思考のメンバーを生み出す環境を自ら作っていることと同じです。

一方、エネルギーを増殖させるリーダーは、

・当事者意識を育む為に、ベストな思考と仕事が求められる厳しい環境をメンバーに与え

る

・相談に対してチャンスを明らかにし、ヒントを与え、部下に能力いっぱいに考えさせ、行動させる

・意思決定においては、チーム・メンバー同士での活発な議論を奨励し、健全で納得感高い決定に導く

・実務においては、部下に成果に対して当事者意識を持たせ、自らはサポート役に徹する

・組織作りにおいては、人材の最大限の能力を発揮させるための組み合わせに腐心する

等、対照的な動きと影響力を発揮しています。

根本に、自分を主役とするのか？　組織メンバー全体を主役とするのか？　考える起点が違うことを理解いただけるかと思います。

組織作りをしていく上で、リーダーが「増幅型」であることが望ましいのは間違いありませんが、そのような状況でないから、今この本を手にされているのだと思います。リーダーが増幅型になろうと意識し、今、自分は組織にどのような影響力を与えているのか？を認識し、増幅型になろうと行動し続けることが、組織に前向きな空気を生み出します。しかし、本人一人の意識だけでは、聖人君主ではありませんので、ついつい消耗型に陥り

やすい状況が多々ありますから、行動が続きません。他者からのフィードバックや360度評価、従業員満足度調査等の仕組みも有効に機能します。

このように、組織メンバーのエネルギーを引き出すためには、リーダー自身が足枷にならない、邪魔をしないということが大前提となります。それでは、メンバーのエネルギー発揮の障害を最低限の状態にしたら、組織作りをしていきましょう

個人のエネルギーを最大化する組織作りのステップ

①「個」が受け入れられている安心の場を作る

まず、最初に、組織のメンバーそれぞれが、一人の「個」として受け入れられている状況を作らなければなりません。そうしなければ、限られた極一部の能力やエネルギーしか活用することはできません。皆さん、人として受け入れられていると感じていないのに、周囲を信頼して、感じたことや考えたことを発言したり、行動しようと思うでしょうか？当たり前ですが、親友や家族など、相手が心を許せる存在だからこそ、自分の思いをぶつ

■図⑦組織の成功循環モデル

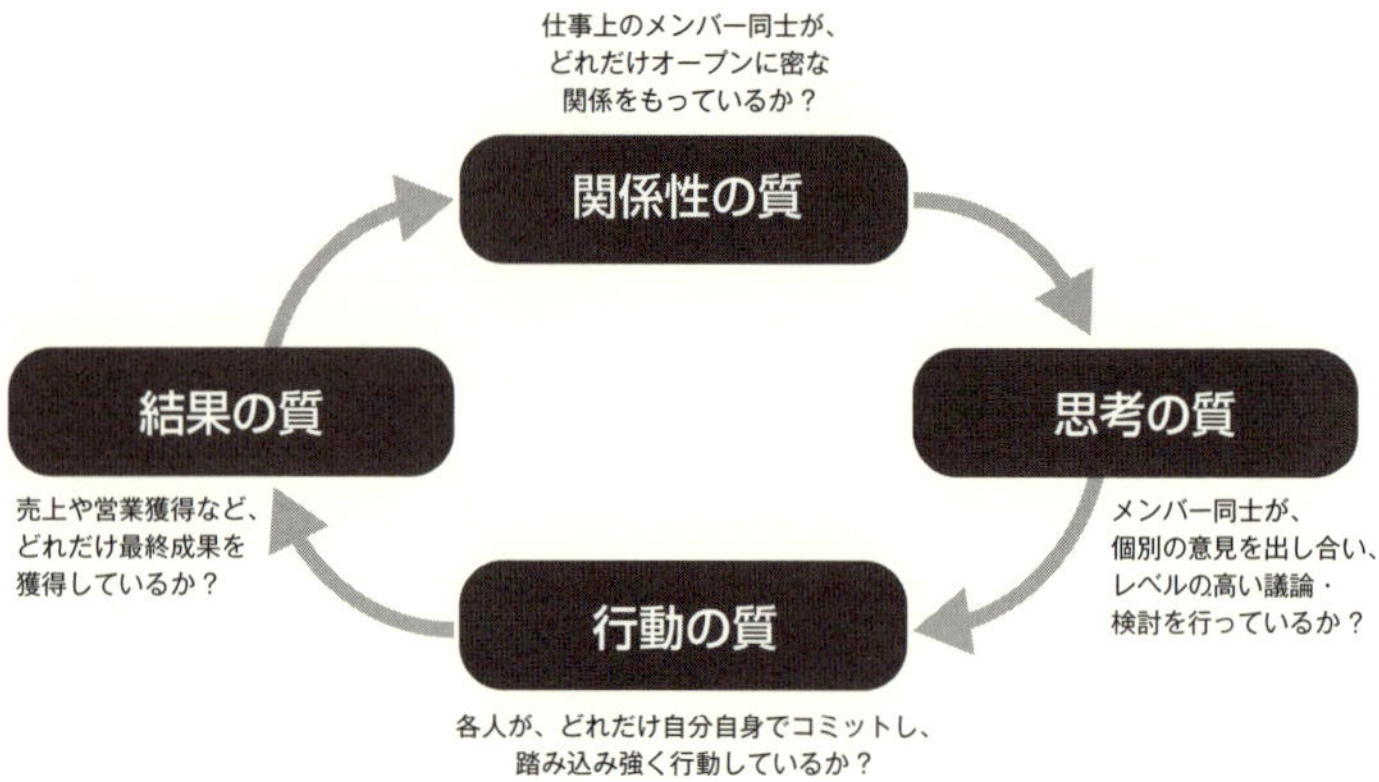

MIT ダニエルキム

けたり、その関係性にエネルギーを注ぎこもうと思えるのではないでしょうか？

ＭＩＴのダニエルキム教授の「組織の成功循環モデル」（図⑦）でも示されているように、組織でも、それに近しい関係性を作ることが、「個」のエネルギー発揮という側面では重要です。多くの組織では、人の「機能（行動）面」にしか注目できていない現状があると思います。そんな状況では、組織のメンバーは、求められている行動しかせず、積極的に、思考し、挑戦しながら職務領域を広げることはしません。

特に、ＳＮＳが発達し、様々な場面で、自分のキャラクターを使い分け、その場その場で適応する行動を取って、時間を過ごしてきた若い世代ほどその傾向が強いです。表面的な組織や場へ迎合しているメンバーばかりでは、それぞれが当事者意識も感じず、エネルギーの表出は表面的なものになるでしょう。

そのためにも、関わるメンバーそれぞれが、受け入れられていると感じる場を作らなければなりません。ただでさえ、組織は放っておけば、自分の意思は反映されないという「諦め」と、余計なことをすれば、マイナス処遇を与えられる「恐れ」が蔓延します。そうならないために、手を打つのは当然だと思います。

組織メンバーが、「面倒だから関わらないでおこう」という感情が組織に覆い始めた時に、組織活動で最も重要な情報という血液が流れず、組織が壊死し始めます。

「個人史共有」セッションの実施

そのために有効な手段として、メンバーそれぞれの「個人史」を共有することです。皆さんも、場所や人物や出来事について、背景等の知識が増えれば増えるほど愛情が湧きませんか？　また、知ってもらっていると思えば、安心しませんか？　それと同様のことを最初のステップで行うのです。

例えば、次のような観点で個人史を共有し、その時の感情も合わせて、相互理解を深めましょう。

・今までの人生で影響を受けた主な出来事
・入社動機（その他迷った企業）
・入社以来の異動歴
・入社以来の嬉しかったこと悲しかったこと（5つ程度）
・今後、成し遂げたいこと
・その他、出身地や、居住経験地、経験スポーツ

等、あらかじめ用意したフォーマットに各個人が記述し、それをメンバー全員に配布の上で、一人につき1時間程度時間を取って、そのメンバーの個人史とその時の感情について他メンバーが質問し、想像しながら、その「個」を深めていく場をとることを強くお勧めします。発表者は、その時の感情も思い出しながら説明し、各メンバーはその人を知ろうとしようとする場自体が、その人を受け入れる空気を生み出し、安心感が芽生えます。

注意したいのは、批評するのではなく、ただ質問して、できる限りエピソードベースで共有し、発表者以外のメンバーも感情と共に受け入れ、疑似体験することです。発表者の

出来事やエピソードを聞いて、「自分だったらそうしないな」とか「自分だったらそう思わない」等感じることもあると思いますが、そこで止まらずに、何故そうしたのか？　何故そう思ったのか？　を掘り下げることで、発表者に対して好奇心を持って理解するように努めるのです。メンバー間の差異ではなく、共感の接点を見つける作業です。そうすることで、発表者も安心し、他メンバーも発表者の志向の背景や強みを知り、信頼のポイントをおくことができます。

日常仕事で接する中で、協働者のことをどれだけ理解しているでしょうか？

仕事の機会で表出されるその人らしさは、極一部と言われています。それぞれの「個」を発見し直すことで、組織の変化への対応バリエーションも増え、それぞれがエネルギーを出す機会を作る準備もできます。組織に対する安心感も増します。また、同時に、聞き手が自分のメンタルモデルを相対化することにもつながり、新たな視点の獲得にも大きなきっかけになるでしょう。

「その人らしさ」を相互に再発見する

また、前述の「個人史」を共有すること以外にも、お勧めがあります。適性検査結果の共有をベースとした「その人らしさ」共有セッションです。それによって、共通の枠組みで、お互いに人物理解をすることができます。それぞれの適性検査結果を持ち寄り、適性検査結果に表れていて、それを想起させる日常の強みになっている行動や、改善したい行動を発表し、共有しあい、「確かにそんなところあるよね」とか「そういえば、こういう行動とるよね」等をお互いに言い合うのです。そうすることで、発表者は、見られている感と、受け入れられている感覚を持ち、安心感を持ちます。それを通じて、相互に期待し合うのも、心のつながりを作る上で効果があります。

日頃、忙しさと遠慮が相まって、このような対話を起こすことは難しいと思います。相互に期待し合うことを表出化することによって、その後のコミュニケーションも促進されますし、本人の意欲も高まります。そして、お互いのそれぞれの人物特徴を知ることで、冷静に議論ができます。「こいつは、なんでいつもこうなんやろう」とか「なんでそんな風に考えるのか?」等、対人面で感情的になるのは、その発言や行動の背景が分からないことに起因することが多いと思います。

適性検査結果の共有は、日常タスクばかりの会話しかせず、お互いを機能としてしか見ていない状態になっている組織で、それぞれの「個」をあるがままに見つめ直すきっかけを作ります。そして、その際も、正誤の判断をしないことが条件です。それぞれに強み、弱みがあるという前提で共有しなければ、「個」を受け止めておらず、機能同士の関係性を越えた、人間同士の関係性にはなりえません。

そして、もう一つ、適性検査ツールを使う場合は、品質が高い適正検査を使うことをお勧めします。適性検査は、自身の行動や志向での自己回答が多く、品質が低い適性検査では、その時々の環境に合わそうとするプレッシャーにさらされてきた世代の回答者は、望ましい回答をしようとしますから、意味がありません。

さらに、企業内で実施しようとしたら、評価に使われるのではないか？　との疑いの気持ちで回答することになります。妥当性の低い結果が出てきて、それを発表・共有すれば、本人にとっても、組織にとっても、さらに表面的でやりづらい関係性になるでしょう。

また、適性検査の結果は、適材適所にも効果を発揮します。その人にスキルや経験・知識だけでなく、仕事の仕方のタイプが明らかになるからです。挑戦的な仕事なのか、それとも積み上げていく仕事なのか、人との交渉が多い仕事なのか。それとも独力で成し遂げる仕事なのか、等です。それによって、仕事の適性もわかり、人事面での適材適所を叶えられますし、本人への期待を伝える際の参考材料としても活用できます。

最近は、運動会やキャンプ等、共同作業や体験を通じて、人間的側面を相互に見つめ直す動きが多くなっています。このような動きも職場に安心感をもたらすきっかけの第一歩になることは間違いありません。そして、そのような場が作れたら、さらに深く大きな安心をもたらし、それぞれの仕事に積極的な当事者として、思考や感情や行動を表出化できるレベルに高めるためのご紹介した手法を実施することで、さらに、エネルギーを表出する場としての組織の器は大きく強くなります。そうなると、メンバーそれぞれが、根拠のない自信を持ち出し、難しい目標にも一緒にやり遂げられそうだと感じることが出来るようになります。

皆さんも、チームでお互い意見をぶつけ合って、信じてみようと動いた結果、そのような状態になった経験を少なからずお持ちだと思います。

今、お伝えしたことは、小集団のグループであれば、1日あれば実施可能です。日常の職場メンバー同士の信頼関係が希薄なことに起因するコミュニケーションロスや、その延長線上の生産性低下を考えると、非常に時間の投資対効果が高いと思います。信頼関係がない中での協働が、どれほど生産性が低く、職場メンバーのモチベーションに悪影響を及ぼしているか？　感覚的にも痛感していると思います。仲良しの職場を作ろう！　という幼稚な話でなく、それぞれのエネルギーを発揮してもらう為の合理的な考えに基づいて提案しています。

但し、プログラム実施の際は、場のフラットさや、公平さが大変重要な要素となりますので、外部のファシリテーターを活用する等、これまでの人間関係や個々人に対する狭い理解を排除した運営が必要です。

②組織のビジョン、ミッション、コアバリューを全員で作る、もしくは書き換える

会社のビジョン、ミッション、コアバリューを自分事にすることです。ビジョン、ミッション、コアバリューはありますか？　各メンバーはその存在を知っていますか？　それをメンバーのエネルギーに変換する触媒として活用していますか？　活用できていなければ、メンバーの活力を削いでいるだけだと思います。

ここでは､ミッションを「自分たちで実現したい未来」､ミッションを「自分たちの役割」､コアバリューを「日常大切にする価値観・判断軸」と仮置きします。前述の解釈からすれば、経営方針や、行動指針、経営理念等、違う言葉で表現されているものの、同じ意味と

して扱って良いものは、殆どの企業や団体で言語化、明示されていると思います。そして、その目的は、組織やメンバーの進むべき方向性を示し、何にエネルギーを注ぐかを規定し、感情的にもつながりを持つことで、鼓舞することだと思います。しかし、現実はそうなっていないことが多いと思います。

それらを言語化する過程では、創業者や経営者、プロジェクトメンバーの様々な思いや歴史、経験が凝縮されているはずです。そして、それを明確にして発表した時には、間違いなくそこで表現されていることを、当事者たちはそう思っていたはずです。そして、それを組織メンバーにも大切にしてほしいと願っていたはずですし、今でもそう思っていると思います。企業に入社してくる社員もその理念に賛同し共感して、希望を持って入ってくることも多いと思います。

しかし、現実は裏切ることが多いです。財務目標に追い立てられ過ぎる環境や、ビジョン・ミッション、コアバリューを体現しないリーダーによって、組織メンバーは、落胆し、諦めます。

本来は、組織や人のエネルギーを駆り立て、増幅するはずのものが、組織への不信感情を生み、組織運営へのダメージを大きくします。

このような状態になっているケースが残念ながら多く見られます。

理由は、２つです。

一つ目は、ビジョンやミッションに反する行動や判断が企業内で横行している。これは、改めなければなりません。マネジメントの問題です。

二つ目は、ビジョンやミッションの抽象度が高く、各メンバーが自分事として受け止めきれていないケースです。

そうならないためにも、ミッション・ビジョン・コアバリューを経営者や一部のリーダーの自己満足の象徴としてではなく、組織メンバーが自分達のものとして、意識し、体感できることが重要です。そうすることによって、ビジョン・ミッション・コアバリューへの、当事者意識を育み、その意識が、自分が担っている仕事の意義を感じさせ、エネルギーを掘り出します。

自分達のビジョン・ミッションを作る

全社ミッション・ビジョン・コアバリューに照らし合わせ、自分達のグループに置き換えると、ビジョン・ミッション・コアバリューはどう表現するのか？　をメンバーでワークションプ形式により行うのです。自分達の日常の風景として、ビジョンとしては「何がどういう状態になることを目指しているのか?」、ミッションとしては「誰に、どのような価値を届けて、どのような感謝の言葉を言ってもらうことなのか?」、コアバリューとしては「自分たちの日常の仕事で、コアバリューに照らし足りなかったり、改善できることとは具体的に何なのか?」を、それぞれが発表し、共有し、みんなでイメージしそれを体に取り込み、感じることが重要です。頭で理解しているだけでは行動しないでしょう。できれば、半日から、1日くらい取って、オフィスから離れて実施したほうが良いと思います。オフィスではどうしても正誤の判断に縛られ、オープンで感覚的な意見交換になりづらいからです。

また、ここでの議論にも組織内の関係性が影響を強く受けます。安心感があり、信頼できる場なら、それぞれの体験から様々な視点の提供がなされますが、関係性ができていない場合は、組織の力関係でメッセージが決まってしまい、自分事化することは無理でしょう。また、様々なキーワードが出てきますから、それらを統合したり、言い換えたりする作業が必要になり、最終決定に権力の影響を持ち込まないためにも、外部の専門家の力を借りることも効果的です。

プログラムのゴールとしては、改めて、ビジョン・ミッション・コアバリューを自分達の言葉で明文化するでも良いですし、ビジュアル化し、ＰＣの画面にしても良いですし、カードにして携行しても良いですし、Ｔシャツにして、日々意識できるものにし、言語化した時の感覚を呼び覚ます装置にしても効果があります。制服や儀礼に使う道具のような効果で、言葉と感覚をつなぐツールとして活用しましょう。

ツールは、全社的に作るのも良いですが、あくまで自分達の言葉、自分達で作ったという体験と感覚が、ビジョン、ミッションに各メンバーが命を吹き込むきっかけとなるのです。これらも、ロマンティシズムで申し上げているわけではなく、あくまで生産性向上の観点でお伝えしています。価値提供の基準が共有され、目指すゴールがイメージされた時、組織メンバーのエネルギーはそこに向かい、かつ「貢献感」を感じることによる内発的動機づけが、ミッションの推進力を生み出します。また、これらの共有によって、自社のブランドバリューの向上に寄与し、毀損する行動や判断の萌芽を、自らの手で摘む組織文化を作り上げるきっかけとなります。

③組織目標とビジョン・ミッションをつなげる

半期等の業績管理で、財務目標以外に目標は設定していますか？　そして、それは、ビジョンやミッションに繋がっていますか？　ビジョンやミッションが、現場に、共有・浸透しないのは、日常の意識の方向づけがないことも大きな要因の一つです。その様な状態では、ミッション・ビジョンに基づいた「当事者意識」や「貢献感」も力を失い、遠い世界のものとなり、湧きだしそうな組織メンバーのエネルギーも行き場を失うでしょう。むしろ行き場を失ったエネルギーが毒となって、組織メンバーの気持ちを蝕み始めます。

業績目標とつなぐ指標として、分かりやすい例として「顧客満足度」や「顧客数」もありますし、顧客満足を標榜する会社が、「紹介顧客数」「リピート購買率」と設定したり、顧客の新しいニーズに対応した会社が、「新サービスの導入社数」としている場合もあります。要するに、ビジョンを実現する過程で、「どのような未来を現実的に起こすか？」を設定することが重要です。

組織は、共通の目的がないとそこに向かえないのはご承知の通りで、財務目標だけでなく、どういう状態を起こすか？　を設定して、組織メンバーを導くことが重要です。その指標は、リーダーが方向性を示すことは必要ですが、最終はメンバーを中心に検討し全員で決めて、モニタリングすることによって、より当事者意識が高まります。

さらに、徹底している会社の例では、毎日朝礼時に、「昨日のビジョン・ミッションに基づいた行動」を全員発表し、共有して、それを組織学習の場として活用しています。ここで重要だと感じているのは、何が正しくて、何が正しくないのか？　だけの議論にならないことです。そのような間違いを犯しているケースは多々あります。逆の効果を生みます。そうした瞬間に内向きの議論になります。行動自体が相手にどのような価値をもたらしているのか？　を共有しているメンバーで感じることです。そして、新しい動きや工夫をみんなで高め合っていく状態にすることが重要です。正誤の議論になった瞬間に、管理の匂いと空気が漂いだして、組織メンバーの創造的エネルギーが失われます。組織にやらされ感が漂い当事者意識も相互期待も効力感も消え去ってしまいます。

何の説明もなく、一方的にＫＰＩを設定し、管理ばかりに使う過ちを犯す組織が多いですね。最悪なのは、多くのＫＰＩを設定し、何を目指しているのかを見失うことです。指標はあくまで道具です。管理の道具として使うのか？　エネルギーの方向づけの道具として使うのか？　リーダーの人間観が試されるところです。

また、仮にKPIにした場合でも、リーダー以外の組織メンバーについては報酬につなげず、表彰や臨時ボーナスなどポジティブフィードバックに使う方が効果的です。各企業の賞与の意味合いにもよりますが、賞与が財務業績に対する報酬なのであれば、そこの意味は曲げず、臨時のインセンティブや、リーダー等のポジションへの昇格などに繋げる方が、ビジョン・ミッションへの前向きのエネルギーを導く目的では効果的です。

④組織目標を分け合う

具体的には、組織目標を全員でシェアし、個人ビジョンと役割を繋げることです。ここでいうシェアは、共有ではなく分担です。特に財務目標がある場合は、組織が生きていく上では必要不可欠ですから、明確に具体的分担すべきです。モチベーション理論でも、目標が明確な方がモチベーションが高まることは明らかです。基準を設定せず、できる限り頑張ってというのは、腹が据わりませんから、エネルギーを弱めます。

また、その際は、各メンバーに当事者意識を持ってもらうためにも、メンバー全員が集まって分担を決めるべきでしょう。全員でオープンに決めることで、コミットメント効果も高まります。それぞれの環境要因を共有し合って、お互いが納得する状態を作らなければ、協力姿勢を邪魔することになります。

また、ビジョン・ミッションにつながる非財務の目標も誰がリーダーとなり進めていくか？ を決める必要があります。財務目標に追われる日常で、ビジョン・ミッションを組織として意識し続けるために旗を振って、みんなの協力を引き出す役割が必要です。もちろん責任は組織長が取るべきですが、組織メンバーに当事者意識を持続させるためにも、上下関係がないメンバーが進めるべきです。役割を決める際には、立候補制が理想ですが、個人の志向から組織長が人選し、事前に本人のキャリアビジョンとつなげ、提案しても良いでしょう。そのミッションを任せることによって、育成機会にもなります。

個々人の可能性とエネルギーを発揮してもらうためにも、どんどん任せることが必要です。信じて期待しなければ、当事者意識も本人の中に眠っているエネルギーも表出せず、宝の持ち腐れです。任せもせず、期待もせず、「あいつは主体性がない」と嘆いている組織長は多いですね。そういう組織長ほど主体性がないことが多いです。話が逸れました。

そして、大事なことは、組織ビジョン・ミッションと個人のビジョンをつなげることです。半期等の目標設定面談を利用して、リクルートグループで使っている、Will（したい）

-Can（できる）-Must（しなければならない）シートを活用して、組織長と個々のメンバーが対話することも良いでしょう（シートサンプルはリクルートグループホームページに掲載されています）。各メンバーがあらかじめ決まった、組織ビジョン・ミッションを踏まえた、財務目標等、必須目標とその達成基準を記入します。それに加えて、個々のメンバーは、自分の近い将来のビジョンに照らして、今自分が出来ていること、成長したいことを記入して場に臨みます。

組織長、個々のメンバーにとって、これまで積み上げてきた実践と信頼が問われる場面です。組織長にとっては、これまでのステップでしっかりと個々を理解しているか？　それを受け止めた上で、成長させようとして期待しているか？　です。メンバーにとっても、自分なりに組織ビジョン・ミッション、目標が自分事化されているか？　です。

これまでのステップで、散々対話を重ねて時間と物語を共有していますから、余程、器の小さい管理職でない限りはしっかりと対話ができると思いますが、自らの組織目標達成に心配を覚え、細かい目標を個人に割り当てたり、本人の強みや、志向ではなく、弱みばかりに焦点を当て改善点を強烈に意識するような目標を指示までしてしまう場合は、これまでの対話が台無しです。個々のメンバーは、自分を「個人」ではなく、「部品や道具」

と扱われていると感じ、当事者意識も持てず、エネルギーを支える自己効力感も持てず、やらされ感を拭えないスタートを切る羽目になります。

ここでも、「個を生かそうとして、期待する」姿勢を個々のメンバーが受け取れるかが、ゴールとなります。ですから、面談場面になって、個々人が目標やビジョン達成に向けての不安や疑問を口にしたとしても、すぐに説得しようとしては最悪です。まずは受け止めることです。説得しようとする組織長に、個々のメンバーは自分への信頼度に疑問を持ちます。不安や疑問の正体を一緒に見つめて、捕まえていけば、本人の中で自ずと腹くくりと、当事者意識が生まれていきます。そうすれば、メンバーは安心感を持ちつつ、力強く目標を目指します。

このようなプロセスを読んで、メンバーに甘いと思われる方もいらっしゃるかもしれませんが、その逆です。指示を与えた方が、メンバーが他責にして、自分の中で逃げ道を作る要素を残します。任せ、決めさせることは、メンバーの気持ちの強度を高める作業なのです。そして、それは優しくすることが目的では当然なく、そのメンバーが最大限「個の可能性」を発揮することによって、高いレベルの組織ビジョンに近づき、挑戦的な組織目標を達成することが目的なのです。

甘いとかメンバーに関わりすぎだと思っている方もいらっしゃるかもしれませんが、そう思われる場合は、メンバーの力を最大限発揮させようとしているか？　自己効力感を高めようとしているか？　ご自身で改めて考えてみたほうが良いと思います。組織長として、メンバーという「個」を預かっている意識が低いと思います。もちろん面倒くさいです。でも、多くの人間を預かる組織長がそうならなければ、それぞれを機能として扱い、メンバーの個性を浪費し、ストレスが充満し、ネガティブな感情を全員が排出し、生産性が悪く、公害を拡散させる工場を作っていることと同じです。

そうならないためにも、前述のような、各メンバーへの役割付与を行わなければなりません。ここでは仕組みやプロセスだけでなく、組織リーダーの知識やスキルも重要になります。その機会としてのトレーニングも実施し、その実行状況を経営としても見える化し、組織リーダー本人も振り返る機会を作り、組織リーダーの力量を高めていく機会を作ることも重要です。

⑤実践共有機会を作り、智恵を増殖させ、効力感を高める

目標推進の進捗共有機会を作り、知恵を増殖させ、効力感を育む機会がとても大切です。管理だけの機会になっていないことが重要です。

これまでのステップであるスタート準備は大事ですが、それを万全にしたとしても、そのモチベーションの高い状態が続くとは限らないことはご承知の通りです。しかし、準備を怠ると、実行に移した際の労力がかかることも、皆さんご承知だと思います。しかし、ついついこのような場や時間を後回しにし、財務指標を追いかける行動を優先し、メンバーの心理的エネルギーを枯渇させてしまう事例は多くあると思います。

ここでは、いかにこれまでのステップで積み上げてきた土台をベースに、個々のメンバーのエネルギーを発揮し続けてもらうか？　です。財務的な数値は、それにメンバーの納得感がある場合は自ずとメンバー自身で振り返りをしているでしょう。それが達成できなければ組織として生きていけないわけですから。

しかし、納得していても、財務的業績は、ＭＵＳＴの雰囲気を拭えないのは事実です。それを自分のものとして、意識し続けるためにも、組織のビジョン・ミッションに紐付いた、進捗や行動共有の定期的な共有が必須です。これをしないと、財務的なＭＵＳＴ要請に流され、社会的貢献感は忘れ去られ、当事者意識も薄れ、開かれた思考も閉ざされ、「個」

のエネルギーは、小さい枠の中でしか発揮されないでしょう。そして、共有を行う際にも管理的に行わないことが重要です。数値や現状を受け止めた上で、それをどう意味づけ、どうしたいのか？　を対話の中心に置くべきです。財務業績達成するためにどうするか？　だけでは、「貢献感」や「効力感」は薄れ、個々のメンバーの気持ちがついてきません。それぞれの、小さな兆しや成功体験、顧客からのフィードバックを共有し、組織として、そのエピソードの共有体験を通じ、それぞれの自己効力感を高め、各メンバーの学びや工夫を共有知化し、それを組織メンバーでポジティブに決定し、展開していこうという場が必要です。組織長は、そのような場を創り出し、方向性とゴールを再び感じさせるだけで、行動の自己決定は、メンバーの意識や気持ちや知恵の交換の中に求めるべきです。当事者意識を育むことができないからです。

そのような知恵の交換を通じて、自分以外の成功体験を、信頼関係をベースに、それぞれのメンバーが取り込み、「自分もできるはず」という感情の芽生えが、それぞれのモチベーションを高めます。そして、それを誘引するものとして、組織メンバーでビジョン・ミッションを自分達で、作り直した時の共通の心理体験が各メンバーの中で意識されることは間違いありません。それを大切にするためにも、組織長は、その場の作る際に管理の誘惑に打ち勝たなければなりません。定期的に行われるその場が、それぞれの自己決定で導かれるように、見守る力と覚悟が求められます。

⑥象徴的な「イベント」や「モノ」の力を借りる

皆さん、お正月は初詣に行かれますか？　お参りをし、お札やお守りを分けて頂きます。その時、皆さんの心の中では何が起こっていますか？

私は、行動が意識を変えるという考え方をしています。意識が行動を変えるというのも一理あると思いますが、自分自身の行動を通じた体験やその時の感覚が、その後の行動を意識させていたと思うのです。そして、その行動を促すものとして、イベントや、モノの影響力は想像以上にあると思います。初詣に行く理由は様々だと思いますが、私は、今年の意欲表明とそのサポートのお願いをしています。そして、お守りやお札を見る度に、その時の気持ちを思い出します。農家や漁業を営む地域で行われる祭りも同じ目的や機能を持っているのではないでしょうか。

イベントと神輿や法被がセットになって、感情を呼び起こし、共通の体験の機会となり、自然や周囲への感謝と来年への行動を促しています。組織運営でも、そのような内面的体験を誘発し、ビジョン・ミッションへ組織メンバーのエネルギーを誘う機会が必要です。財務指標だけが一人歩きし、当事者意識を押しつぶさないようにするためです。

ビジョンやミッションに基づく成果やそのプロセスと感情を大々的に発表し、共有し合う場を作り、大いなる賞賛の場を作り、みんなで語り合ったり、社外で目指すべき活動をしている方に、社内イベントに来て頂き体験談を伺ったりする機会も効果的です。それも、全社だけでなく、それぞれの組織で独自に行うことで、表彰される場が増え、メンバーが主役になるチャンスも増え、効力感を感じる人も機会も増えます。小さい兆しも表彰や褒める対象とすることで、その場の表面上では、様々な批評や批判の言葉も出てくるかもしれませんが、大切なのは、それぞれのメンバーの心の中で何が起こっているか？　です。「俺も私もああなりたい」とか「悔しい、俺にもできるはずだとか」そう言う気持ちが起こることが、ビジョン・ミッションへの気持ちを強めることにつながります。

また、前述した、ミッション・ビジョンがデザイン・言語化されまとめられた携行用カードは、お守りの代用としての機能を果たすでしょうし、共通のT―シャツやパーカー作りも、日常目に入る、ビジュアルのメディアとして、ビジョンやミッションを目指す気持ちを一体化させるためのツールとしての効果を発揮します。ベンチャー企業ではよく使われ、メディアでも良く出ていますね。そう言う意味では、制服を変えて業績を大幅にアップさせ、定着率を向上させた企業もありました。リサイクル業を営む企業でしたが、事業のビジョンとミッションの理想を高く掲げていましたが、不衛生で不潔な環境で仕事に従事する従業員は、その仕事にプライドが持てなかったところを、清潔で、機能性も高く、ファッション性も持たせた制服に変えたところ、ビジョン・ミッションとのつながりを実感し、従業員のモチベーションが高まったそうです。「個」を大切にして期待をかけていることをメッセージした時の効果を実証する好例です。

このように、対話や言葉だけでは、左脳的な理解が優先されてしまいますから、それに対抗する手段として、イベントやモノ等、行動や感覚を促し、メンバーの心理体験を誘引し、気持ちに火をつけるきっかけを作るかが大切です。

⑦組織や個人の在り様を俯瞰的に眺め、自分達に問いかける

これまでもお話したように、個々人のエネルギーを発揮する状態を作るには、高くて明

確な目標設定を前提とした、個人がそこに向かうための、「自分はできると信じる効力感」「役に立っていると感じる貢献感」が重要だとお伝えしてきました。それを積み上げていく日々の工夫もお伝えしたかと思います。

しかし、現実的に日常では、一側面や部分にしかフォーカスが当たらず、見落としがちなことも多くあります。それらを個々のメンバーが認知し、自分の頑張りが評価されていないと感じていると目標を達成できない言い訳の出発点となり、他責の芽を育んでしまいます。非常にもったいない。そこで、総合的に、それぞれが期待し合うことを、点検する場が必要となります。今、我々、私、あなたは、「こう見える！」と現在値を確定せねばなりません。それぞれの、現在値がズレていれば、お互いへの期待や課題認識も違い、コミュニケーションも機能せず、個々のエネルギーは無駄な浪費をされてしまいます。それには、多面観察手法を使った行動観察が効果を発揮します。できれば観察項目はビジョン・ミッション・コアバリューに基づいたものが良いでしょう。それによって、自己回答する場合も内省の機会となりますし、他者を評価する際も、ビジョン・ミッション・コアバリューを意識せざるえないからです。それらが自分のものになっていれば、社会や顧客及び組織への貢献感を意識した回答になりますので、あたえられた役割よりも当事者意識を感じずにはいられないからです。

それらの結果を基にして、自分の行動が周囲に、どのように認知され、影響力を与えているのか？　を見つめ、その時の感情を受け止める場を組織長が作ることによって、「べき」論ではない、「こうしたい」という気持ちを育む機会を持つことが重要です。

また、本来は時間を取り、最小単位の組織内で、それぞれの結果を共有し、改めてお互いに期待することが言い合えれば、安心感の場を強くできるでしょうし、期待を感じて、効力感も高まります。個々人にとって、定期的に節目を作り、視線を日々起こる事象だけではなく自分に向けて、論理的な「べき」論ではなく、自分のエネルギーの沸き起こる部分に触れることで、自己再生の儀式として行い、新たに成長・進化する自分を受け入れる機会を共に作ることで、より「個」は強くエネルギーを発し、信頼関係の上で、周囲と相乗効果をもたらします。その状態になることで、個人も組織も生き続けます。

そして、そのような内省を深めるものとして、評価制度や賃金制度があります。それらは、メンバーが自分で行動し、自分が生み出した成果が、報酬や昇進という形で、フィードバックされ、組織全体からのメッセージとして受け取ります。ですから、そのルールや運用は、納得感が高く、分かりやすいものでなければ、メンバーのエネルギー発揮を増幅するもの

■図⑨社会認知理論

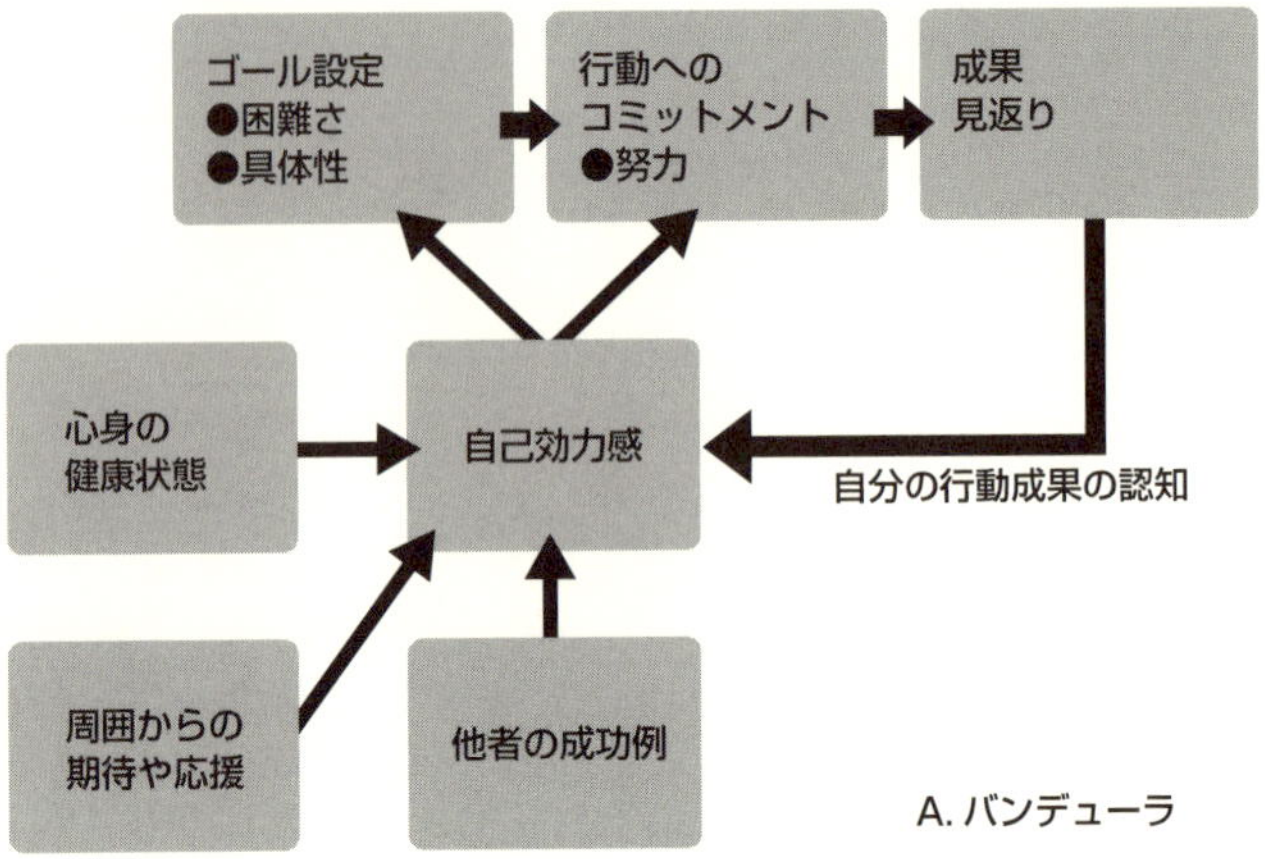

になりません。そうでなければ、内省を阻害し、効力感や貢献感を薄め、当事者意識を奪い去る装置となり、組織メンバー内には、「諦め」や「恐れ」が生じ、創造的ではなく、「機能」として働こうと考える個人を生み出すか？　人材需要旺盛な企業群に新天地を求め始めるでしょう。

人事制度によって、さらにエネルギー増幅を加速させるか？　ブレーキをかけるか？　影響の大きさは見逃せませんので、自社の人事制度が、組織メンバーにどのような心理的影響を与えているか？　ヒアリングかアンケート等、必ず確認が必要です。

これまでのプロセスは、モチベーション向上の為の社会認知理論にも合致している

と考えます。（図⑨参照）

安心感が関係性の土台を作り、期待を伝え、周囲からの期待や応援の効果を担保し、心身状態も整え、ビジョンの自分事化やゴールの具体化、明確化と先輩や同僚の成功という代理体験が行動へのコミットメントを生み出し、それらを、イベントやモノで気持ちを継続させ、成果と期待される見返りが納得できる機会と人事制度によって、ゴール到達まで動機付けます。そして、その結果、自己効力感を高めるというサイクルです。ご紹介したプロセスは、組織と各メンバーにこの流れを作り出すためのダイナミックな方法論なのです。

ここまで、お読み頂き、なんて面倒臭いんだとお感じになったことだと思います。その通りで、面倒くさいですし、エネルギーを大変使います。

これは、大げさに言えば、産業革命以来の工場のライン作りをベースとして、機能第一主義で組織運営をすることが、組織の効率を最大限高めるという考え方に対する挑戦でもあります。機能主義に、共同体的感覚の駆動装置を取り入れることによって、部品や装置の集まりではない、「個」の集まりである組織がどこまで出力し、組織外との有機的な関係を結び、継続的な価値交換ができるか？　という挑戦です。リクルートグループは、数多くの失敗を重ねながら、ある一定の成果を残し続けたと思います。

みなさんの組織では　どうですか？　その組織運営の仕方は、組織にとっても、そこに働く個人にとっても効果的、効率的でしょうか？　そして、それは価値創造や組織メンバーの充実感の最大化につながっていますでしょうか？

もし、確信がなく、組織メンバーの可能性を発揮させ、強い組織を作りたければ、ご紹介した方法で組織作りに挑戦してみることは、今の組織状況をだまって見逃すことに比べ決してデメリットはないと思います。

おわりに

私は、一昨年リクルートグループを卒業しました。理由は、リクルートグループのような組織運営のコツを生かした組織作りを、もっとお客様に密着してお手伝いできないか？20年リクルートの組織作りの一端を担ってきた経験で世の中にお役に立てないか？と考えたからです。

リクルートグループのような組織とは、「売上、利益をしっかり出し、そこで働く従業員一人ひとりが輝いている」組織です。そして私は、現在、複数の企業の組織開発や人材開発、制度設計のお手伝いをさせていただいています。経営者からは、リクルートのような組織を作れないか？とのご相談が多いです。一方リクルートだからできたんだよね。という諦めに似た言葉も頂くこともあります。それも一部事実だと思います。間違えないで頂きたいのは、リクルートは、経営陣や現場が本気で努力し続けた結果、あのような組織風土を維持し続けているということです。最初から出来上がっていたわけではありません。

労働人口が減少し、一人当たりの生産性向上が求められ、顧客に大量の製品を効率的に届けるだけでなく、多様な価値を効果的に届け、サービスの価値が重要とされる環境では、リクルートグループで実践されていたことが、これからの組織運営にもっと役に立つと信じています。

マネジメントの理論やノウハウ、解説、非常は、溢れかえっています。あとは、実践です。実践するために多くの人は、頭では理解できているけど、気持ちがついてこないという状況だと思います。そこで、気持ちを乗り越える必要があります。それは、理論やノウハウのみの実践が、人間という「個」をあたかも機械のように扱うことに、違和感を直感的に持っているから、その必要性をなかなか乗り越えられないのではないかと思うのです。

ですから、組織の大小にかかわらず、組織を預かるリーダーは、組織運営のテクニックだけでなく、組織の有り様まで立ち戻り、そこから目を見開いて、目の前の景色をしっかり見定め、そこから一歩を踏み出さなければ、リーダーもメンバーも目指すことは同じなのに、財務業績の圧力に流され、同じ景色を目指すことができず、すれ違うだけです。残念なだけでなく、労働人口が減少している状況では組織の死活問題です。もうメンタル不全の社員を出している場合ではありません。代替する人材はい人口構造上容易に獲得はできないのです。そうなれば、かつて公害を排出し、世間からバッシングされ、凋落していった企業同様、存続を社会が許さないでしょう。昨今のブラック企業批判がそれを象徴しているると言えます。

実践のために、気持ちを乗り越えるということは、組織の有り様をめぐり、組織メンバーの感情を扱うことです。これまで多くの企業において、組織運営場面で感情を扱うことは、非生産的、非合理的とされ、表立って扱われることはなかったと思います。昔ながらのいわゆる飲みにケーションがそれを担保していたのでしょう。ところが、最近の自社の提供サービスにおいては、いかがでしょうか？　多くの提供サービスにおいて、基本的性能は満たした前提で、機能よりも体験を付加価値として設計されることが多くなっています。価値創造活動においても体験を通じた感情を扱わざる得なくなっています。そのような状況で、価値を創出する組織が感情をあつかっていなければ、体験を通じた価値を提供できるでしょうか？　そのように、感情をオフィシャルな場面でも扱わざる得ない状況になっていると思います。

しかし、感情を扱うのは面倒くさい。ウェブ上の掲示板やSNS上の感情の暴走を見れば、吐き出された感情の激しさに逃げ腰になりそうです。そこにはネガティブな感情が溢れ、取りつく島もなく、出来れば関わりたくないと思うこともしばしばです。しかし、その書き込みをしている人達が特別かというと、そうでもないと思っています。日常接している人達にも、そのような感情を抱いているかもしれませんし、我々もそのような感情を抱きつつも、表出させず、なんとかコントロールして凌いでいるわけです。

感情のエネルギーを価値創出に向けていくために、組織全体の活動が必要です。管理職やリーダー任せにするのは、とても危険ですし、無理があります。人次第になりますし、組織として強くなりません。そうならないためには、仕組みや、道具や、それを動かすちょっとしたが能力が必要です。

そして、それらを一人ひとりが考える上で、企業と個人の関係について、どうあるべきか、考え直すべきではないでしょうか。昔から、大手企業以外は、終身雇用は珍しかったわけですし、最近の若者も、終身雇用を前提とする職業選びが無理なことは理解し始めているでしょう。リクルートでは、雇用主と労働者という言葉から受ける印象とは違ったものを感じて、20年所属していました。江副さんが昔言っていた「社員皆経営者主義」という言葉もありますし、「リクルートで働くではなく、リクルートと働いているんだ」と言った先輩もいました。「リクルートは自己決定できるサラリーマンを生み出した最初の会社である」と、リクルートＯＢの藤原和博さんも著作の中でおっしゃっているように、その

おわりに

組織運営は従来の会社と個人の関係を変えた、革命的な出来事だと思うのです。

そして、その根本に、「人とその可能性」を最大限尊重するという思想があり、それを基軸として、徹底的に合理的に考え、実践した結果、高い成長と高い収益を実現したと思うのです。

表面的な「人というもの」や、一般的に言われている「社会人の概念」でなく、現実の「個人」に向き合うことで、その可能性を引き出し、強いエネルギーを仕事やミッションに昇華させ、組織の業績と個人の自己実現を高いレベルで追い続けていたと思います。

そこに、今後人材不足が確実に予測され、限られた人材で経営せざる得ない企業にとって、ヒントは数限りなくあるのではないでしょうか。

例えば、従業員との雇用契約についてですが、今後、終身雇用という前提で、双方の契約が成立つのでしょうか？　労働人口のほとんどが高齢化し、世間が成熟化し、事業も変化せざる得ない中で、終身雇用を前提とした雇用契約は無理がありすぎます。リクルートグループも、定年退職された方がいらっしゃいますが、多くの従業員は、リクルートグループで仕事の仕方を身につけ、自分なりのモチベーションの高め方を学び、卒業して行きます。ＯＢの多くがリクルートを、「リクルートビジネススクール」と呼ぶように、所属期間中は、思いっきり仕事をして、そこで様々なことを学び、次の仕事に移る時は、素晴らしい経験をして、市場価値が高まっている状態を作っていました。そんな状態を多くの会社で作れないか？　と思うのです。

企業や組織は、資本をベースに従業員を「機能」として使い倒し、その代わりに、従業員の雇用の安定を約束することは、経営者、労働者、お互いに無理があると感づいていると思います。

会社や組織は、そこに参加する人が、その機会を使って、価値を創造する「場」や「舞台」や「器」として存在し、そこで、生み出された価値によって、経営側、労働者側で分配する。そんなフラットな関係を築くべきだと考えています。その関係性を前提にしないと、組織運営の方法は変わらないでしょう。そして、最近、欧米の一部の企業で普及しつつある、組織内がフラットで人間中心主義の「ホラクラシー」という組織体系が注目を集め始めています。

これは、２００９年当時にアマゾンから史上最大の買収とされた、ザッポス・ドット・コムが採用していたことから注目を浴びた体系です。海外では、ザッポスの他、Evernote(アメリカ)、パタゴニア（アメリカ)、AirBandB(アメリカ)、セムコ（ブラジル）や日本では、ミスミ、未来工業、ネッツトヨタ南国等の企業がその形態に近いと言われています。

しかし、リクルートグループは、その走りだったのではないかと考えています。

ホラクラシー組織の特徴を、従来のヒエラルキー組織と比較すると、マネジメントに関して、「命令・規則」ではなく、「自律」、リーダーシップに関して「権力・ポジション」でなく「人望・奉仕」、意思決定に関して、「トップ」ではなく「分散」、役割に関して「限定的」でなく「必要に応じて柔軟」と言われています。そして、そのためには、ビジョン・ミッションをベースとした、経営計画が実行に移され、成果とプロセスとモチベーションのモニタリングがなされますが、経営の関与は、その機会を提供することに絞ることで、あとは自律的に組織運営がなされます。

そして、そのベースとなるのは、「個を生かし、可能性に相互に期待し合う」人中心の風土と、そこから生まれてくる「当事者意識を持った」個人だと思います。そこには、金銭的報酬に縛られ、自由意志を失った人ではなく、仕事に充実感とプライドを持ち、自由に選択していく、強くしなやかな社員で満ち溢れているでしょう。

是非、リクルートグループの組織作りを参考にして、強く、優しい組織を作りましょう。

私は、特に中小企業の経営に寄り添って役に立ちたいと思うのです。多くの人が働いているからです。そうすれば、会社も人も元気で、自分も元気をもらえるからです。そんな体験をする人を一人でも増やしたい、そう思っています。そうすることで、リクルートで関わってくれた先輩や同僚、後輩にも感謝の気持ちを示すことができると思っています。また、20年前に、フランスの同級生にもらった宿題に本格的に着手することが出来るからです。

２０１７年5月　長崎　哲也

◆参考文献
「心理学的経営」大沢武志著（ＰＨＰ研究所）
「かもめが飛んだ日」江副浩正著（朝日新聞社）
「リクルートという奇跡」藤原和博著（文藝春秋）
「月刊かもめ」リクルート創業45周年特別編集号

長崎哲也（ながさき　てつや）

長崎哲也事務所　代表（人材採用、人材育成、人事制度、組織開発コンサルティング他）
株式会社　サンクスパートナーズ　執行役員　東京オフィス長（人材紹介）
TASUKI LLP 理事（農業×キャリア開発プログラム、地方創生）

1971年生まれ、兵庫県宝塚市出身。

大学卒業後は肉体労働（電気工事士）や海外遊学を経て、1995年に株式会社リクルートに入社。その後、株式会社リクルートマネジメントソリューションズ、株式会社リクルートキャリアにて営業部長、ソリューション推進部部長、エグゼクティブコンサルタントを歴任。

2015年に退職後は長崎哲也事務所を設立。東京、大阪、名古屋、静岡にて、大手企業をはじめベンチャー企業等1000社以上の人材採用、育成、人事制度設計に関わり、100社以上に対しての研修講師としての実績を持つ。

ホームページ　http://tetsuyanagasaki.com/

大学を出て仕事もせずにダメだった僕を生かしたリクルートの組織風土

2017年5月15日〔初版第1刷発行〕

著　者　長崎 哲也
発行人　佐々木　紀行
発行所　株式会社カナリアコミュニケーションズ
〒141-0031　東京都品川区西五反田6-2-7
ウエストサイド五反田ビル3F
TEL　03-5436-9701　FAX　03-3491-9699
http://www.canaria-book.com

印　刷　石川特殊特急製本株式会社
装　丁　安藤　司
ＤＴＰ　安藤　司デザイン事務所

ISBN 978-4-7782-0402-0　C0034

カナリアコミュニケーションズの書籍のご案内

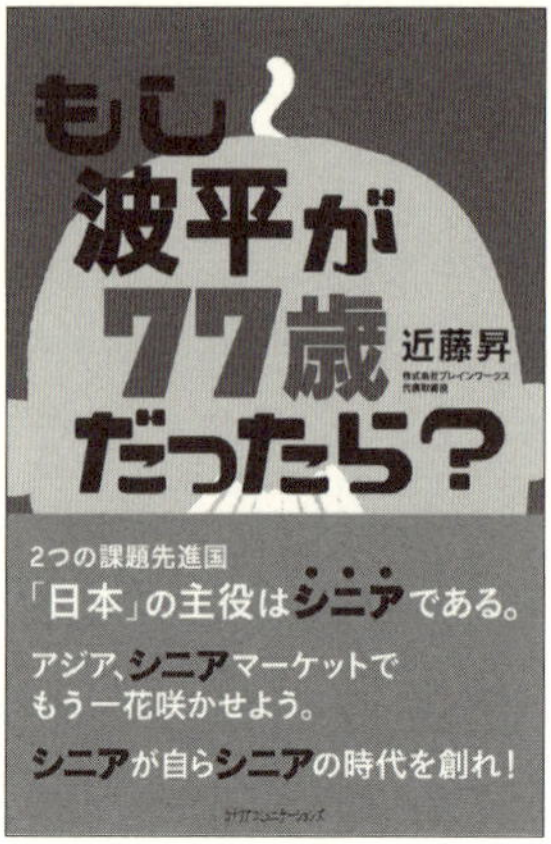

もし波平が
77歳だったら？

近藤　昇 著

人間は知らないうちに固定観念や思い込みの中で生き、自ら心の中で定年を迎えているということがある。オリンピックでがんばる選手から元気をもらえるように、同世代の活躍を知るだけでシニア世代は元気になる。

ひとりでも多くのシニアに新たな希望を与える１冊。

2016年1月15日発刊
価格 1400円（税別）
ISBN978-4-7782-0318-4

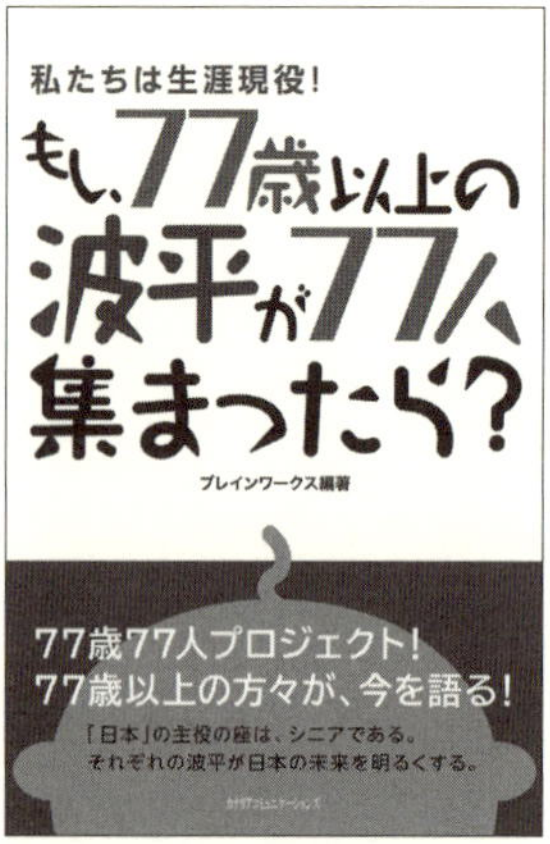

もし、77歳以上の波平が
77人集まったら？
私たちは、生涯現役！

ブレインワークス　近藤　昇 著

現役で、事業、起業、ボランティア、ＮＰＯなど各業界で活躍されている77歳以上の現役シニアをご紹介！

「日本」の主役の座は、シニアです！

77人のそれぞれの波平が日本の未来を明るくします。

シニアの活動から、日本の今と未来が見える！

「もし波平が77歳だったら？」（近藤昇著）の反響を受けての第２弾企画。

2017年2月20日発刊
価格 1300円（税別）
ISBN978-4-7782-0377-1

カナリアコミュニケーションズの書籍のご案内

セキュリティ商品大全 2017年版

ブレインワークス　編著

あなたの会社の安心・安全を実現するパーフェクトガイド！

インターネット社会では情報流出は企業の命とりに。

これからの時代に対応したセキュリティ対策を厳選して紹介。

社員からの個人情報漏洩、サイバー攻撃など日々危険と隣り合わせという状況のなか、セキュリティ商品も進化を続けている。

最新のセキュリティ対策をこの１冊で網羅する。

2017年1月20日発刊
価格 1000円（税別）
ISBN978-4-7782-0374-0

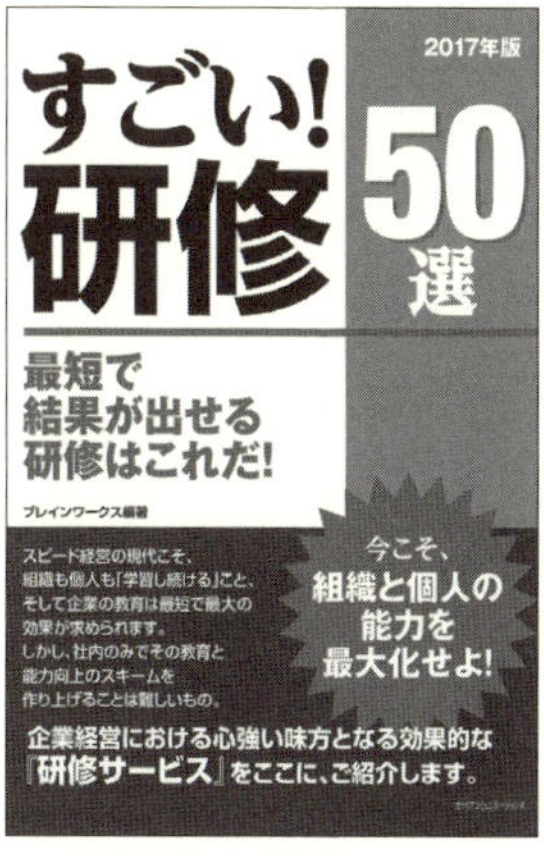

すごい研修！ 50選 2017年版

ブレインワークス　編著

スピード経営の現代こそ、組織も個人も「学習し続ける」こと、そして企業の教育は最短で最大の効果が求められます。

しかし、社内のみでその教育と能力向上のスキームを作り上げることは難しいもの。企業経営における心強い味方となる効果的な『研修サービス』をここに、ご紹介します。
●企業研修　●教育研修　●管理者研修
●自己発見型研修　●組織開発型研修

2017年1月17日発刊
価格 1000円（税別）
ISBN978-4-7782-0376-4

カナリアコミュニケーションズの書籍のご案内

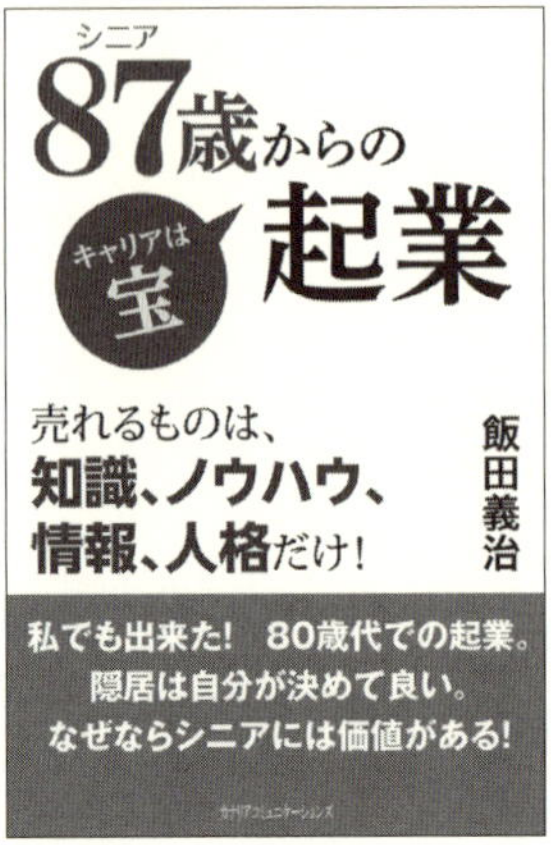

2016年11月25日発刊
価格 1300円（税別）
ISBN978-4-7782-0372-6

87歳からの
起業キャリアは宝！
売れるものは、知識、
ノウハウ、情報、人格だけ！

飯田　義治 著

私でも出来た！　80歳代での起業。隠居は自分が決めて良い。なぜならシニアには価値がある！平均寿命が長くなった今、定年を間近にし果たしてすぐに隠居生活が送れるでしょうか？

生きがい、張り合いの求め方は千差万別です。

このお話は、ビジネスが好きで退職後も転職を繰り返し、87歳で起業した著者のノンフィクションです。起業の方法はたくさんありますが、シニア起業に関わる情報がまだまだ少ない昨今、起業のヒントはサラリーマンにとって大切な３つのことがポイントでした。

2016年10月20日発刊
価格 1300円（税別）
ISBN978-4-7782-0367-2

ワンピース思考の仲間が、
木の家を建てる!！

加納　文弘 著

「低価格で高品質」「匠でなくても建てられる」という、常識を覆す木の家を提供するサイエンスホームが掲げるワンピース思考とは、仲間と共に強くなりながら、お互いに助け合い目標達成するという考え方。

その中に現状の変革を必要とする者へ突破口へのヒントが隠されていた。

「不可能を可能にした木の家」のサイエンスホームのワンピース思考的あり方は、固着した組織や行き詰っている組織に壁を打ち破るヒントとなるだろう。

カナリアコミュニケーションズの書籍のご案内

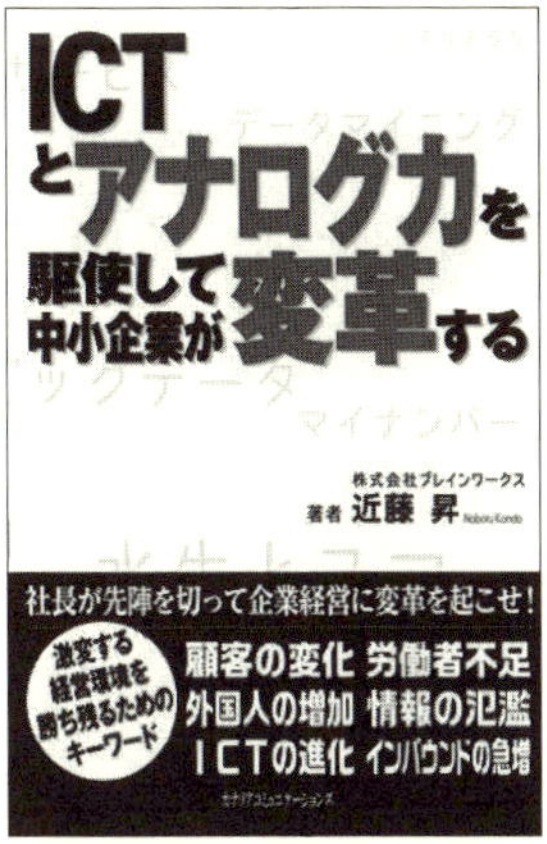

2015年9月30日発刊
価格 1400円（税別）
ISBN978-4-7782-0313-9

ICTとアナログ力を駆使して中小企業が変革する

近藤　昇 著

第１弾書籍「だから中小企業のＩＴ化は失敗する」（オーエス出版）から約15年。

この間に社会基盤、生活基盤に深く浸透した情報技術の変遷を振り返り、現状の課題と問題、これから起こりうる未来に対しての見解をまとめた１冊。

中小企業経営者に役立つ知識、情報が満載！！

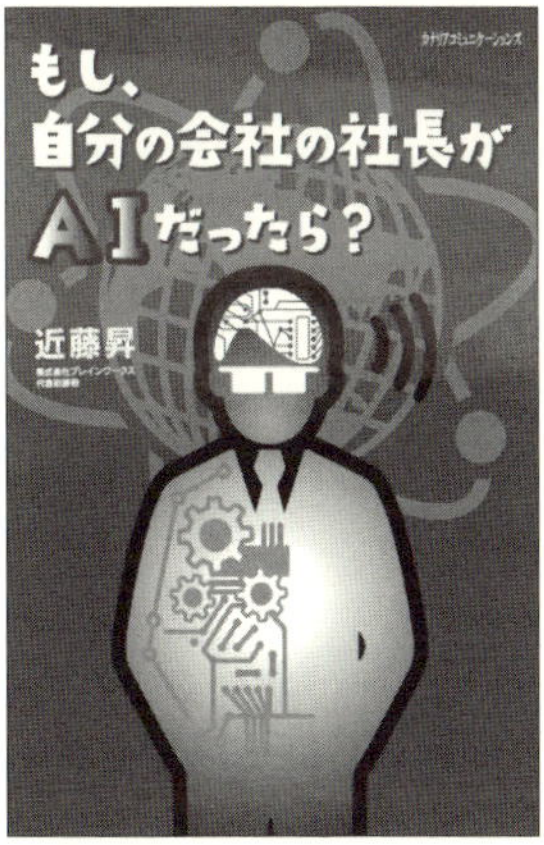

2016年10月15日発刊
価格 1300円（税別）
ISBN978-4-7782-0369-6

もし、自分の会社の社長がAIだったら？

近藤　昇 著

AI時代を迎える日本人と日本企業へ捧げる提言。

実際に社長が日々行っている仕事の大半は、現場把握、情報収集・判別、ビジネスチャンスの発掘、リスク察知など。

その中でどれだけＡＩが代行できる業務があるだろうか。

１０年先を見据えた企業とＡＩの展望を示し、これからの時代に必要とされるＩＣＴ活用とは何かを語り尽くす。